[日]佐伯胖 著

纪晓晶 邵艳红 译

解读教与学

对教学改革原点的思考

長春出版社

国家一级出版社

全国百佳图书出版单位

著作权合同登记号：图字 07-2018-0034

图书在版编目(CIP)数据

解读教与学 ：对教学改革原点的思考 / (日) 佐伯胖著 ；纪晓晶，邵艳红译. -- 长春 ：长春出版社，2019.1
ISBN 978-7-5445-5419-0

Ⅰ. ①解… Ⅱ. ①佐… ②纪… ③邵… Ⅲ. ①教学改革一研究 Ⅳ. ①G420

中国版本图书馆 CIP 数据核字(2018)第 232320 号

解读教与学——对教学改革原点的思考

著　　者：[日]佐伯胖　　责任编辑：王　莹
译　　者：纪晓晶　邵艳红　　封面设计：宁荣刚

出版发行：長春出版社　　总编室电话：0431-88563443
发行部电话：0431-88561180　　读者服务部电话：0431-88628787
地　　址：吉林省长春市建设街 1377 号　　制　　版：长春市大航图文制作有限公司
邮　　编：130061　　印　　制：吉林省良原印业有限公司
网　　址：www.cccbs.net　　经　　销：新华书店

开　　本：787 毫米×1092 毫米　1/16　　字　　数：188 千字
版　　次：2019 年 1 月第 1 版　　印　　张：15
印　　次：2019 年 1 月第 1 次印刷　　印　　数：5,000 册
定　　价：40.00 元

如有印装质量问题，请与印厂联系调换　　电话：13604430875

本书中提及的“学习”是指人类所从事的最符合人类特征的活动，甚至可以被认为是“更好地生存”的同义词。

一切的教育改革，都是从进行日常教学实践的课堂开始的。让我们回到跨越时代的“教育的原点”之上认真思考吧！

目录

第一章 “当教师”这件事

第二章 从学习者的角度看课堂教学

第三章 如何挽救学力

目 录

第一章 『当教师』这件事

第一节 “当教师”这件事

——谈现今教师需要的、不可或缺的素质

所谓“当教师”到底是一种什么样的体验呢？

曾经作为学生致力于学习的年轻人，现在成为教师站在了“教他人学习”的立场；曾经的知识“获得者”，现在成为知识的“传授者”；曾经只和志趣相投的几位朋友相聚畅聊的人，现在每天却突然要面对数十个比自己小十几岁的孩子，而且还必须和他们说上几个小时的话……

如此想来，“当教师”真是一件辛苦至极的事，也可以说是很不平凡的、很了不起的事。作为一名教师要提高教技使自己成长，要经过几年甚至几十年的反复探索，要向前辈学习、向学生学习，才能逐渐成为一名合格的教师。这真是一条让人望而生畏的漫漫长路啊！

一、成为一名优秀的教师

教学是一种技能，教室就是锻炼这种技能的“演练场”。与其纠结于各种各样的道理，试图从理论上弄清“应当如何当教师”，不如先与孩子们进行彻彻底底的接触。教师应该与学生进行彻底的心灵接触，与每一个孩子建立情感纽带。无论如何，必须先成为一个被学生喜欢的教师，必须与学生建立起“共同感”并得到他们的信任。任何一个孩子都有闪光点，我们必须找到孩子的优点，鼓励他并使他自信。我们必须让每一个孩子坚信教师是喜爱他的，不能带给他一丝不安。教师必须要将班级中所有同学团结到一起，使每个孩子都能与教师建立起深厚的情感。教师也要培养孩子们的集体意识，不能出现明显的“被排挤者”，也不能出现爱控制他人的“小霸王”。

这样一来，如果教师和孩子之间建立起团结整个集体的“共同感”，并建立了深厚的情感，孩子们自然不会辜负教师的期待，他们会重视教师认为真正重要的事情，整个集体会将教师真心的喜悦当作自己的喜悦。只有做到这些，才是真正建立了“学习之所”，才能实现教师在每次的授课中与每一个学生交流，触及他们的思想，使他们真正的改变。

为了掌握这种教学技能，我们应该多学习前辈的授课技巧，多听他人的意见，并且要努力学习成为优秀教师的技能。教师对于每次授课都要充分准备，对教案的设计要斟酌斟酌再斟酌，必须精心准备能触及孩子内心的问题。教师必须把授课的每一个瞬间当成磨炼自己的“关键之战”。

很多教师心中认为的“当教师”的体验，也许跟前面所述不尽相同。很多前辈在“指导”自己极为看好的新入职的教师时，也可能与上述内容不尽相同吧。

然而，笔者却认为在这种热心的、真诚的“要成为好教师”的目标之中，存在着若干困难。

二、作为“王国”的教室

在日本，教室经常被人们喻为“小型王国”。教师就是统领这个“王国”的“国王”。这个“王国”的法律、礼仪、价值观等都由“国王”来决定，这个“王国”处处反映出“国王”的行事作风。我们经常会说“这是那位教师的行事风格”，意思是其他教师不应该任意对其他班级特有的风格、作风指手画脚。当这个班级明显给其他班级带来麻烦时，当出现显而易见的错误，没有做好班级管理时，人们就会质疑“国王”的能力。如果没有发生这些情况，教师将班级管理得井然有序，并能够完成全年的教学计划，那么对于教师如何处理班级事务，别人是无权指责的。

一方面，对于新成为“国王”，并掌管一个班级的教师来说，中心课题就是认真做好班级管理，这确实要求“国王”有治国之能。孩子们做出意外的举动，在教师看不到的地方发生难以预料的，甚至无法管理的事情，这是最可怕的。让教师日日夜夜费尽心思的是，如何设法将数十个孩子完全“掌控”。教师要做到与每个孩子真诚相处，与每个孩子建立起深厚的情感，最终才能牢牢“掌控”所有的孩子，使他们不至于在意想不到的地方出问题。理想的教师就是一个理想的“国王”。教师应该使每一个孩子相信自己行动自由，并且其他人看上去也是如此。但实际上每一个孩子都被一根“看不见的绳索”牢牢地牵系着，教师掌控着“绳索”并指挥他们。能呈现出这种状态，才是理想的教室，才可谓“理想的王国”。

另一方面，孩子们只有感受到了教师的热情和诚意，并且感受到了教师“真心以待”的恩义，他们才会自觉将“看不见的绳索”交到教师手中，才会配合教师的管理。教师觉得“这个班级好管理”，旁观者也如此认为，学生自己也会对此深信不疑。学生会因为教师的“默默期待”而给予积极回应，并因此建立自信且以此为荣。读书学习也是学生们对教师给予的恩情的报偿，是不愿辜负教师期待的一种表现。这样一来，理想的教室就由教师和学生共同创造而成。

三、一切问题都在于学生如何做吗

在这样理想的教室进行的学习活动，都可以归结为学生如何做。那么，如何做教师才会高兴呢？如何做才不会出错呢？在这个教室里发言时如何举手、如何措辞、如何摆正姿态呢？该在什么时候记笔记，如何记笔记呢？

总之，教室里有很多规定必须这样做的礼仪和规范。不遵守这些规范就会成为教室里的笑柄。只有遵守这些规范，教师才会满意，班级管理才能圆满。在教室里学习知识时，学生也会被传授如何做才能得到“正确答案”。能简明地、耐心地教导学生如何做（能得到正确答案）的教师才是好教师。对于那些因无法得到正确答案而受到挫折的孩子，也能耐心地引导他们反复练习直到得到正确答案的教师，才是理想的教师。

这样一来，学生们就会倾全力关注“如何做能得到正确答案”，从教师话语的细微之处解读出“如何做”的暗示，他们会去尝试教师希望的做法，并且会告诉教师这是他们自己思考的。教师在无意间给出的“如何做”的暗示大体连他们自己都没有发觉，因此经常会感动地回答：“是吗？是你自己想出来的呀！了不起，了不起！”看到这种场景，其他孩子也会放心地认为：“啊，课堂真是和谐啊！”

还有什么是欠缺的呢？在这里欠缺的是孩子对事物真实性的实际感觉。也就是说缺乏“这确实是真的，我必须要这样做”的真实感受，当然孩子不会有“为什么必须这样做”的自发的疑问，也不会有“自己尝试一下其他可能性”的探求心。

甚至求知的意义也不会与超出课堂的文化相关联。所谓“知识”也就成了为应付考试而必须记住的东西。学生们不会明白知识是存在于课堂之外的，是社会和文化中真实存在的东西，它有着重要作用，绝不是与世人的行为毫无关联的。他们不懂这才是“知识的价值”。当孩子们不关心在教室这个“王国”之外发生的事情和人们都在谈论或实践的事情，只关注作为“国王”的教师，只重视“老师让我干什么”“老师让我如何做”时，这样的教室才是理想的教室。

四、未开发的“自我”

在这样理想的教室中，在教师“看不见的绳索”的约束之下，“自我”的成长完全丧失了。学生总是在教师的帮助下取得进步、克服困难、解决各种各样的问题。学生无论遇到什么问题教师都亲自帮忙解决，并总是爱护着学生。学生为了不辜负教师的期待，就会拼命地努力，并且设法使教师注意到自己的优点，学生想向教师表现出自己“正在认真努力着”。学生以此为动机进行不断学习的同时，实际上就是“自我”成长的停止。

升入高年级甚至在进入中学和高中的过程中，学生们无法抑制的“自我”概念开始觉醒。这种“自我”不仅表现在要寻求别人的认同，还表现为主动获取对方的认同，即使不被他人理解，也要坚持自己心中所想。如此一来，教师在学生的眼中也就成了一个普通人而已。他们还没有学会与教师对等地、像平常人一样地交往。他们还不明白在人际交往中即使“意见相左”也可以互相妥协。不为对方的期待而活——这种“自我”的萌芽，直接导致学生们讨厌对方、回避对方的举动。当他们面对“没有人真正理解自己”的现实时，对学校的不信任感就会爆棚，也会讨厌“被勉强”的学习，最终导致学生对教师和学校产生逆反心理。对自己来说，学习到底意味着什么呢？学生会因为这样的疑问无从解决而焦躁，他们不知道何去何从，只有先否决学校，茫然地追寻另一个“教师不了解”的世界。于是他们成了“断了线（束缚）的风筝”。

五、帮助学生接触文化

教师真正应该重视的是孩子们与文化的接触，即引导孩子们去体会认知世界的美妙、重要性、愉快感，并与他人共同参与文化实践。教师在让孩子们认同自己是优秀教师的同时，使他们发觉知识的魅力、世界的美妙、人类的优秀，以及学生自身的长处，这正是教师的职责所在。

优秀的教师不是人气明星，但也不完全是“幕后功臣”或“无名英雄”。教师应该成为孩子们的好伙伴。

此外，教师不应该把学生当作操纵、驱使的对象，而应该把他们看作具备人格、拥有个性、活出独立人生的好伙伴。师生之间应该抱持不同的想法，相互成为促进彼此成长的动因，共同学习、共同“品味知识”、共同分享喜悦，互为伙伴。

教师教学的动机应该是“学生成为自己希望的样子”。首先，教师希望学生体会到“认知”以及“再认知”的喜悦和乐趣，并希望他们体会到从原点再次对已学知识提出疑问、重新认识的乐趣。其次，教师希望学生总能惊讶于自己的新发现，并为此兴奋、感动。这样一来，学生心中会涌现出“必须把自己的新发现传达给别人”的想法，尤其想要和自己最敬爱的伙伴分享这种感动。教学就是从这一刻开始的。

第二节 关于课堂教学的研究

一、所谓课堂教学研究

我们首先来思考“创造课堂”这一题目。为了创造出新的课堂教学模式，我们该如何去做呢？当然，前提是我们必须对课堂教学进行深入了解，并看清它的本质。

那么，什么是课堂教学研究呢？开始思考这一问题时，我一头雾水。我以吁求诸位读者、前辈帮助之心，将我头脑中混乱的想法如实呈现。

无论在何种研究领域，为了确立“科学的研究”，人们都必须用该领域固有的、经过严密定义的理论术语来表述研究对象。使用哪种理论术语未必要统一，但多数情况是经过仔细斟酌后尽量汇集成两三个系统的理论术语。

例如，在经济学领域有凯恩斯主义经济学和马克思主义经济学，在心理学领域有行为主义心理学和认知心理学等。但是，在对课堂教学的记述中，关于应该用什么样的术语，以及如何来进行解说，还没有能被称为经过斟酌而选定的理论术语“系统”。

虽说还没有表述课堂教学的理论术语，但我们知道作为记述对象的课堂教学原本是什么吗？当我们思考这一问题时，也会马上变得无所适从。在某所学校某位教师于某个时间向某些学生讲授某本教材上的课程，我们对于以此为研究对象的意义一无所知。当然，我们不会以仅出现一次的偶发事件作为研究对象，必须从中找出某些非一次性的东西。

“教授什么内容”经过若干次反复探索后，或许可以作为非一次性的东西。然而，课程研究却不是只研究教学内容就可以一言道尽的。

那么，将“如何教学”作为非一次性的问题去研究会怎样呢？

关于这一点我有如下疑问。仔细记录教师于特定的教学时间里如何行动，那么无论在何时何种场合采取同样的行为是不是都会产生完全一样的课程呢？可以说这是不可能的事。这样一来，“如何教学”这一问题，就不能当作教师的行为问题来看待。只要确定好材料、用具和做菜的流程，如何煎鸡蛋是可以被无数次重现的，因此这个例子可以作为很好的研究对象。但即使规定了教师的行为及教学用具，也难以再现完全相同的课堂教学情景，因此将教师的行为本身作为研究对象是没有意义的。

那么，对于“学生们如何学习”这一问题，教师又该如何看待呢？

无论在何时何种场合，再现完全相同的孩子们的学习场景，这同样也是不可能的。虽然例子有点拙劣，但让同一个学生第二天再去上同样的课程最后只能贻笑大方。很明显，如果不将每一个孩子的知识水平、经历、生长环境等作为考量依据，还是无法阐明“学生们如何学习”这一问题。

这样一来，“教什么”“如何教”“如何学”中的任何一个都无法成为单独的研究对象，这就是课程研究的现实。

将这三者的结合（也可简单称之为系统）作为研究对象似乎更加合理，但是需要我们更加留心思考。如果将三者的结合作为题目，认真思考其中一个问题则另外两个也自然会变得明了，无论从哪一个入手必然都会出现这种情况。出现这种情况就是研究结合的开始。然而真实情况如何呢？对“教什么”的研究逐渐深入，自然会联想到“如何教”“如何学”，三者的结合就会显现出来吗？在对“如何教”的研究中，能否得到关于“教什么”“如何学”的新见解呢？对于“如何学”的研究，会给“教什么”“如何教”某些明确的启发吗？

笔者认为，在日本相当一部分的既有研究都没有触及这一点。对于“教什么”的问题完全就是以关于“教什么”的讨论奇怪地收尾，“如何教”的问题也仅仅是以“如何教”的讨论而告终。无论我们怎么研究“如何学”，也找不到其他的讨论内容。然而如前文所讲，课程的本质始终是存在于这三者相互结合之中的。我所说的“看不清”课程的研究对象，就是指难以看清三者结合的情况。

实际上，在应该称为“研究”的内容之中我想关注的不仅仅是前面提到的内容。

我自认为至今已经了解了各学术领域，例如经营工程学、心理学、统计学、经济学等，我都能够怀有对各领域特定的问题认识，享受在各学术领域中理性漫步的乐趣。即使稍微接触这些学术领域并徜徉其中，也有无上的欢乐。但是，我一直怀有疑问，即“人类是什么”，以及“认识是什么”。虽说这种内心的疑问经常得不到满意的答案，但是越深入研究，就越会产生与这两个问题相关的更深入的疑问。随着研究的不断深入，人们必然会发现更加深入的解答和其他更加深入的问题。

在研究课堂教学时，我们能得到始于古希腊时代的“人类是什么”“认识是什么”这样问题的答案吗？或者说，我们真的能发现与此相关的更深层次的问题从而写出研究报告吗？

随着研究的不断深入，我们必须公开触及关于人类自身及人类意识的本源性问题，并以此作为学术研究的对象进行正面分析，所有的研究都要经过这个过程才能称之为“研究”。单凭这个领域的大家作为个人感想和感慨深切道出一句“啊，人类是什么呢？”这是远远不够的。

对于难以成为大家的我们则更加无所适从吧。提到学问的脉络，无论谁处在研究轨道的延长线上，都会触及这个本源性问题并且应该努力思考这一问题。虽然在教学研究上有着为数众多的大家，但是他们并没有引导我们触及这个本源性问题，在创造“学问的脉络”上他们并没有成功，不是吗？

二、授课有一定的程序吗

综观与教学相关的各种分析和报告，有一点我十分挂心，即将授课作为“程序”来描述和分析的想法竟出乎意料得多。大多数教学研究报告都是对教师授课顺序的记述，或是对教师授课和学生课堂表现的记录，也就是对教师做了什么，学生做了什么进行详细的记录或总结。但是，这样就可以说做好了“实践研究”吗？

对教师授课的记述必须是客观的，不能添加任何主观性的表达，无论谁来观察都必须如此。考虑到这些要求，将“授课程序记述”认为是自然产生的结果也并无不可。另一个发人深省的提法是“解释恐惧症”，这在日本的心理学研究中也能看到。这种提法出现的原因是害怕任意马虎地解释招致责难就麻烦了。这是一种推卸责任的表现，采用日本国会答辩一般模棱两可的表达方式，不然就只汇报已做过的事情，其他的以后大家再一起解释吧。这就像一篇拙劣的作文中的文字一样，“今天大家一起去动物园了，看见了大象，然后回家了”。这种形式的感想文，一旦被人指出“完全没有表达你的心情啊”，写作的人则会惊慌失措地在结尾加一句“我今天很快乐”。

将授课作为程序（尤其是教师一方）来看待的背后还存在一种想法，即授课是教师指导、学生跟从的活动。这种思考倾向，将授课的本质理解为教师做了什么、如何做，并将这些当作是全部原因也是活动的中心，因此教师这样指示就有这样的结果，教师如此发问孩子自然会如此反应。

那么，将这种想法推翻又会如何呢？

学生对这个感兴趣因此教师才这样指示，学生不懂这一点所以教师才这样做，也就是说支撑课程的是学生的活动，应该将学生的活动看作授课的原因。借用一句话来表达，可以说，“看不到学生表情的授课记录是毫无意义的”。

为避免误解，在此有必要说明一下，现在的问题是关于课程的记述（甚至可以称之为记录），而不是课程本身应该是教师主导型还是学生主导型的问题。进行教师主导型的授课也是可以的，但我们不知道教师单方面对授课程序的记述是否合理，也不知道其行为的优劣。

那么，当被问及记述什么内容、如何记述之时，我也不知如何作答。但是，我希望弄清楚以下几方面内容：

1. 学生当时是否参与到课堂之中。

2. 教学活动是由教师发问引导进行的，还是由学生的提问、自言自语、表达意见等诱发的。

3. 明确关于教材设想的知识构成，以及学生具备的知识构成之间的区别。

4. 明确教师教学活动的阶段，任何人都可以看出“到此为止，教师教授了什么”。

想要明确这几点，至少需要三台 VTR（磁带录像机）来进行记录才够理想吧，或者说在分析者的心中应该准备三台“心灵 VTR”。一台用来追踪记录教师的活动，一台用来追踪记录孩子们的情况，还有一台用来追踪记录孩子们关注的东西（与每时每刻的授课程序相应的、吸引学生注意力的对象，如黑板、教科书的页码、小伙伴的行动和提问等等）。

在进行分析时，要保证这三台 VTR 同步摄影（同时进行），还必须以授课准备的教案和教材的内容分析等资料为基础进行分析。在分析过程中要注意的是为什么学生在此时注意力不集中？为什么教师在此处要求进行小组讨论？为什么用这样的图示说明这个内容？进而分析“教什么”“如何教”“如何学”中的任何一个问题的解答对另外两个问题的启发。重要的是应该着眼于三者的结合并进行分析。

三、以“知识的表现”为核心

以往日本的课程研究瓶颈之一就是知识的表现问题。我个人经过思考后的结论：将课程计划（从教材研究到教案）、教学活动、学习者的理解作为整体对待的关键，与如何表现学校教育中的知识息息相关。这是我的研究课题，也是我对从事认知科学研究的相关人士的呼吁。

我认为在以往的课程研究和教育研究中，最落后的就是对知识的处理方法。

关于知识最大的谬误，应该说是将知识当作理解的对象，将其从人类的理解活动中分离出来并把它当作一种事物来对待。提到“勾股定理”，其含义是“直角三角形的斜边的平方等于两直角边的平方和”，这是任何时候、任何人都认可的定理。将这个定理设定为教育目标时，不需要教育者和被教育者在大脑中进行过多的思考，这应该是很普遍的想法吧。

然而，这实际上是一个彻头彻尾的谎言。例如，在一个尚未开化的村庄里，尽管没有正确测定长度的方法，但在对土地纠纷进行仲裁时，其手段之合理（在我们看来极为巧妙），只能令人认为是使用了勾股定理。即便在纸上画出几何图形，估计也很难跟他们解释清楚其中的原理，然而“他们心中理解的勾股定理”却蕴含在他们生活中的种种窍门、常识、智慧之中。

重要的是，“勾股定理”的知识，包含了理解者的理解逻辑、理解过程中存在的本人的常识和生活智慧，以及本人已经掌握的相关知识等，脱离这些来表述这一定理是毫无意义的。这些在认知心理学中叫作“知识表现的领域特殊性（domain specificity）”。

在前面提到的“直角三角形”的表述中，教师也许自认为客观地表达了勾股定理的内容，但实际上，这种表达只不过是存在于教师团体、数学学习者等特定人群所理解的知识中，并不是其他文化中包含的知识，例如不是儿童对文化中隐含的智慧的理解。

知识只能与理解者的理解内容、理解策略一起来进行论述，并且只能用它们之间的关系来表达，只有将这一点引入教育界，现有情况才会发生大幅改变。

对课程目标和学习者的理解内容（实际上教师的理解内容，与文化领域中常识化的理解内容是不同的）进行表述时，教育界对应该采用的表达方式曾经有过若干提案，即所谓用学习者的行动语言（或可以说测定学习者行动时的测试语言）来表达，或将学习者的理解和误解作为规则和错误规则进行表述，即作为一种变换规则来表达。

在认知心理学中，通常分为描述知识表现手段（严格地说是产生式规则）的部分，和描述与该手段的产生条件相关的陈述性命题的部分。我们所说的陈述性命题，换言之等同于符号的网络性关联系统。表现手段和陈述性命题构成了一种框架（大纲），通常人们所说的新知识就隐含在这一框架之中，是由框架的部分变更和组合而获得的。

这种理解结构的差别与所谓“知识教材”和“技能教材”的区别并不对应。能被称为技能教材的钢琴课程，也蕴含着陈述性命题、表现手段、框架等结构。这些问题在此无法详尽论述，但下述内容必须要明确说明。

如果我们将知识内容当作依存于理解者特有的理解策略和理解方式而存在的事物，在讲述课程目标中设定的知识，以及学生在某一时段必须习得的知识时，随意使用我们成年人的日常用语是非常“危险”的事情，这一点是显而易见的。无论如何，脱离日常用语（包括文化和学历，以及储备知识的背景），尽可能使用理论用语来表述个人的知识是非常有必要的。

将授课当作知识的形成过程看待、分析的时候，另一个不可忘却的要素是对学习者视点位置的分析。

前面谈到提议用三台 VTR 摄影时，其中的一台要用来追踪记录孩子们关注的东西。说实话，单单依靠描述“关注的东西”是无法完成视点分析的。学习者在理解眼前的教材时，必须要明确所处立场、切入点，以及关注重点。认识通常是从某种观点、某种视点出发的认识。不是单单记住事实或单单记住语言表达，而是立足于某种观点会产生某种看法，立足于另一个观点又会产生其他看法，明白这一点才可以称之为认识。

将授课看作“立足新观点得出新认识”的创造过程，并以此作为对象来研究授课行为，我觉得这不正是“创造课程”的必要条件吗？

第三节 教师的技能是什么

有一种说法是“出色的教师有出色的课程”。我们通过实践，不得不感叹教师的技能。怎么做才能使自己练就那样的绝佳技能呢?

这并不是一件容易的事。能成为出色教师的大体上都是拥有鲜明个性之人，其技能是由这种鲜明的个性支撑的，是包含在个人的风格之中的。

一门课程往往是置于以往课程的脉络中的,可以说背负着“历史”。甚至可以说，“这门课程”是“这些学生”与“这位教师”之间一次相遇产生的结果，若换成另一批学生，也许课程会呈现出不同的效果。

那么，我们又应该如何做呢?

我们再怎样观察分析“出色的课程”，自身的本领也不会有多少提升。为了解决这一问题，我们必须要转换思维。

我们用特殊问答的方式试着提出几个问题:“假如现在这里有一只玻璃杯掉在地板上摔碎了，那么，杯子摔碎的原因是由于杯子自身材质导致的，还是由于坚硬的地板或者下落的高度导致的呢?”

如果向杯子发出这样的疑问，杯子恐怕会这样回答吧:“导致我被摔碎的当然是坚硬的地板、下落的高度，还有撞击地板的冲击力。我也只好为它们献身了。”

教师的技能不是教师学会的东西，而是教师对身边的学生、身边的事情彻底“献身”得来的。

“技能”不是获得的，而是被孩子们开拓出来的。

第四节　提高教师的研究能力

这是一个相当难写的题目。我自认为写不出“最近的年轻人……”式的论述。关于研究能力形成的问题，如果有好的方法我也很乐意洗耳恭听，况且我完全没有对他人说教的资格，我也不想按这种方式写。如果大家想听建议，或喜欢独特的讨论，或希望看到轻松的内容，那我就从反论角度的能力不足入手。

一、什么是研究能力

在美国大学生中相当一部分人不知道“负负得正”。日本的大学生恐怕没有人不知道这个吧。但是，对“负负得正”感到好奇，觉得它不可思议，并感动于它的必然性和深远意义的大学生又有多少呢？我觉得在美国有很多这样的学生，但是在日本大学生中几乎没有。哪国学生更具备我们要研究的“能力”，至少我自己心中有数。毫无疑问，对知识有好奇心、有不可思议之感，探求知识的必然性和意义，并为此而感动，只有这些才是我们研究的动力。

我以前在理工类大学任教。上我的研讨课和写结业论文的学生中，有的人写英语论文时连“the”和“is”都要查词典，花费一周时间只能翻译完摘要的一半。至于学生为什么会存在这样的情况很容易解释。因为只要理科学得好就可以选择理工类专业。英语作为基础课，学生只要把译本全文背诵下来就能勉强通过考试。

这样的学生确实会重视论文，他们仿佛商博良（法国著名历史学家、语言学家，也是“埃及学”的创始人，被后人称为“埃及学之父”）解读罗塞塔石碑的象形文字（古埃及象形文字）一般，凭借毅力和执念来阅读。不可思议的是，经过半年时间，有的人甚至经过一周时间，就能够正确解读论文了，甚至还找到了自己今后想要研究的新课题。“兴奋地讨论”的研究者在日本并不多见。当讨论某些新的研究时，他们会摆出一副“啊，我知道这个”的表情。外国的研究者会一边喝着咖啡，或一边喝着鸡尾酒，一边“兴奋地讨论”，因而有些无意义的寒暄一般很快就结束了。

然而，日本人在学会的联谊会上，会持续数小时进行无意义的聊天。他们只有在吵架时才会兴奋地喋喋不休。但吵架只是非议对方的缺点，并不能引出新的发现。

他们的言谈都是“我认为是这样”“我认为不是那样”“不，还是这样想正确”“不，还是应该那样想”“那么想的人根本就不懂”“那种见解是邪说”“那样理解的都是骗子”“那种说法很愚蠢”……

明明白白地说，这些言谈根本不是摆出证据和论据的争论。

二、研究能力的阶层性结构

当有人提出一个问题时，我们会试着找出这个问题归属于自己熟知领域的哪个部分。当明确这是某一领域的某一问题时就会放下心来。因为这个领域大体会出现什么种类的问题、用哪种方法解决，这些大致的框架是固定的。如果不懂的话，也会尝试询问该领域的专家。总而言之，只要按照正统的程序解决问题，就能得到认可。

将上述的“解决问题”称为“研究”时，研究能力就意味着教师应该知道很多问题，知道问题的分类、了解系统图式、熟知解决手段的规范性。

既然能称之为研究，那么问题就不会是他人给予的，解决方法也不会是已知的。只有深入问题并提出自己的想法，才能起到研究人员的作用。只有对“问题周边的情况”做出适当的判断，才能发挥出研究的力量。例如，为什么要以这样或那样的事物为问题呢？这个问题有着怎样的背景和前后连贯性呢？解决这个问题对其他问题有什么影响呢？

此外，作为解决问题手段的理论和方法，也有着支撑它们的历史背景和思想脉络。在这样的背景下，人们选择出解决问题的方法。另外，我们必须思考，问题的解决以及研究成果，或者说结论，与其他研究有何联系？其结论是否正确，是否能给其他研究带来新的冲击？

这样一来，研究就不仅仅是对眼前的课题给出解答，而应该将其定位在其他纵向和横向的诸多研究之中，研究能力大部分则是寻找这种“定位”的能力，对想从事研究的人来说，这应该是理所当然的事吧。

三、阻碍研究能力形成的因素

显而易见，研究能力不仅仅意味着在特定领域拥有丰富的知识和技能。纵观日本的研究现状，无论是不是年轻人，人们普遍缺乏培育真正意义的研究的精神风貌。这种现象首先表现为社会中“扣分主义”的评价体系。

第一，可以列举出“扣分主义”的评价体系社会。挑毛病、吹毛求疵地“扣分”，扼杀了本该出土的萌芽。“方法论上没有问题”成了学会杂志对论文投稿采用与否的衡量标准。即使是空洞无意义的内容，只因为有类似研究，尤其是与外国的类似，就会被采用。科研经费等的申请也表现出相同的倾向，想凭借完全崭新的研究获得资助是非常困难的。

第二，日本研究的“道”极为相似。这里所说的“道”是指茶道、花道的“道”。例如，不过多参与其他种类的研究，而几十年一心专注于一种学问研究的行为大受赞赏。另外，研究也是一种修行。吃得苦中苦，方为人上人，人有忍耐力是很重要的。

甚至还有所谓的“宗派”，以拜师的形式进行研究。“宗派”对研究课题、研究方法有独特的做法，将与其相悖的研究全看作“邪说”，并不予承认。其研究也带有这样的“宗派”风格，“宗派”成员之间没有什么冲突，因为他们相互认同，相互尊重，会发出“啊，竟然还有这样的想法呀！还有这样的做法呀！”之类的感慨。

因此，在外人看来他们和平共处、毫无芥蒂，只要不出现全新的“宗派”，根本不可能发生研究规范的变革。并且，“宗派”的目标不是探求真理，而是探究规范，即探究如何进行研究。

第三，日本的研究像“同好会”（日语中的“同好会”指嗜好相同的人组成的一个小组织团体）一般。类似于中学里的社团活动。每周一次、每月一次，或两个月举行一次定期聚会。聚会上主要针对有趣的话题进行介绍。大家尽情地高谈阔论，互相稍加批判，学习氛围极佳。虽然大家牺牲家庭时间出席研究会，但仔细想来，不过是和有共同爱好的人见上一面，维系人脉而已。

有些人认为缺席会对不起大家，因此才出席研究会，为了不被大家排挤而露面。大学的讨论会也是同样的气氛，成年人之间也召开像“同好会”一样的研究会。延续一段时间之后，研究会就变成了同窗会。会听到“你也偶尔出席一下”之类的话语，干事和负责人计划着举行联欢会或新年会，他们会说“也包括某某老师”。关键是要办得热闹、要愉快热烈。“同好会”随着规模逐渐变大，开始印发名册、发行会刊，最后就出现了“学会”。

研究就在这样的潮流下进行，这就是现实情况。所谓的研究人员，只不过是有了研究伙伴或加入了某流派。

若非如此，那真正的研究能力又是如何得来的呢？

四、研究能力形成之路

首先，必须从小学甚至是从幼儿园开始改革。

从幼儿园开始家长和孩子就要避免朝着“和大家一样”的方向努力，必须不惧怕被别人说“你和别人不一样”。

如今的现状是，家长把“大家都是一样的”这句话当圣旨，“你的孩子有点儿与众不同”这句话俨然成了把家长推进绝望深渊的话语，这种现状让人无所适从。

即便如此，还是有很多小学会让学生拥有自由和张扬个性，在课堂上孩子们也有很多提出问题和陈述意见的机会。然而，在初中和高中，大部分的学生始终是通过被教授的方式来解答给出的问题。学生只能在规定的框架内思考并行动。好不容易进入了大学，学生终于可以挣脱规定框架喘口气了，学校的束缚力也没那么大了，但是已经无济于事了。

一直写这样的内容使话题变得颇有些沉重，那就再写一点有希望的东西吧。在这里，我试着思考以下几个方面，当然并不能保证一切顺利。

（一）问题中心主义

日本的研究者都是话题捕手（topic hunter）。学生们在谈论学位论文题目时，所说的“关于某某的研究”中的“某某”，一般是从某处听来的人名或研究领域的词语。总而言之题目就是一个话题。

拟定题目后，接下来要做的就是收集与该话题相关的文献。他们在通读各种文献后，终于找到了“问题”。也就是说，很多学生寻找到已经被发现的“问题”，并认为自己也可以研究与此类似的问题。这样一来，他们不可能会有新的研究出现。

他们不选择话题，而选择问题，一般选择当下流行的问题（例如非正当行为问题）。考虑到这一点，研究就只是一种话题。研究成了为了在大家热情讨论时能参与其中的手段。

如果说还缺点儿什么的话，那么缺少的正是质疑。是何原因呢？他们完全没有产生这种对事实的质疑。相反，却热衷于查询什么人说过什么话。他们会调查都有哪些流派、哪个流派最契合自己的观点，并试图加入该流派、加入“研究伙伴大本营”。

我希望大家摒弃这种做法，开始研究自己真正想研究的问题和自己真心觉得疑惑的问题。对于自己认为奇怪的事物或觉得含糊不清的事物，我们应该仔细、用心，待时机成熟这些事物就会成为研究课题，我们要设法掌握这种研究的展开方式。

（二）真实性意向

我们不是要了解谁说了什么，而是要拥有追求真实的气魄，厘清对于自己来说什么是事实。自己在无意中挖掘出了已经成为前提的事物，试着追问自己前提的根据。由他人之口得到的答案并不让人放心，自己必须做好从头开始的心理准备，要试着无数次重复探求根源性的问题。

日本的研究者确实也在寻求真实性，但是寻求的方式有些敷衍。首先，说自己这样这样想（这一点任凭谁都一样）。接着，找出支持自己见解的学说和实验数据，并罗列这些内容，来证明自己所言非虚。说到“敷衍”之处，他们没有设想过如果对自己的想法提出反证会产生什么样的见解或争论。

所谓研究，并不是为了证明自己的见解而收集证据，而是应该彻底查询并深入思考当别人提出不同见解、提出反证时会发生的状况。如果不能真心地、从根本上对他人的反证进行思考，也就不可能成为研究。为了能申明自己的见解和想法的正确性，心中必须要有对应的办法，这就是能力。

（三）发表和讨论能力的形成

在学会上发表之后，讨论却不热烈，这是为什么呢？

第一个原因在于，学会发表只停留在“我做了如此这般的研究，得到这样的结果”之类的报告上，缺乏对真实性的切身体会。第二个原因是，很多人不明确自己的主张，保守地进行解释。其原因之一大概就是日本研究界的“扣分主义”，导致吹毛求疵、刁难挑剔这些致命伤。总之，发表内容没有表明个人主张，因此针对它的讨论也必然变得空洞。

此外，参与讨论的人们奉行“扣分主义”的批判方式。无论是学会发表、研究发表，还是外国文献介绍，都要说一两句批判意味的话。轻易地表明这是一个出色的研究，并希望对方就某一点进一步研究，这种建议会让人觉得有失权威。在学会发表之后，互相吹捧“你的发言很棒！”这种气氛是很重要的，在这种气氛中，相互之间才可以有一些严厉的批判吧。如此相互鼓励、互送掌声、相互赞叹，在这种气氛下互相表明自己不认可的见解就是讨论。

研究能力包括能合理鉴赏（appreciate）他人的研究。但是，为了养成这种鉴赏力（appreciation），不能仅仅关注研究中描述了什么，还必须思考以此为出发点（未来）还可以讨论些什么。也就是说，不能只看到现阶段的研究如何，而是要认清研究有可能如何变化，应该如何变化，这之后才能说出色与否。否则，就只剩下“资料收集得很充分”或“完成了细致的分析”之类的互相之间的高度评价。这样也就无法形成能力。

（四）表达能力的形成——特别是关于出版

出版和研究之间有着紧密的联系。日本的出版业由于读者脱离纸媒而陷入不景气，但是在我看来，提到学术书籍的出版，日本十分宽松的出版体制与其他国家相比，显得有些不同。当出版一本学术书籍时，美国等国的出版编辑部门的权限、贯彻始终的审稿、事前的接洽等都十分严格，然而日本的出版简直可以说是骗小孩的。

在美国为了出版一本书，事前会有很多审稿人来审查送来的稿件，并邀请很多人以书面形式评价包括作者其他论文在内的文章，谋求他们的认可。然后，在出版时会以这些推荐信和审读报告为参考给予必要的经费资助。即使信赖执笔者也会将原稿依次发送给诸多审稿人，他们会提出很多修改要求。

而在日本又是什么情况呢？依靠人脉可以轻易做出“让谁来写”这一决定，无论写出怎样糟糕的内容大体都会原封不动地出版，而且评审者会极为客气地要求对方进行修改。即使拖延稿件的截稿日期执笔人也毫不在意。匆匆忙忙将乱七八糟的内容拼凑成一本教科书也不觉得羞耻。之所以阻碍了研究能力的增长并致使其退化，应该是与这些现实情况分不开的吧。

如果研究者和出版社共同关注出版一本真正优秀的图书的重要性，那么我确信必定会创造出一本畅销书。出版一本书，夸张点儿说就是创造出新学问的活动，那绝不是等闲促就的行为。而且，可以说研究者只有与在学问热情上同样志趣相投的出版社合作，才会成为能力的源泉。

出版社应该从年轻的研究者中发掘出优秀人才，并保持专心致志“看护”的态度，以长远的眼光来培养他们写作。我也曾是出版过很多图书的编辑，我观察年轻研究者时发现他们的文章缺乏表现力，即便如此，我仍在努力寻找拥有卓越洞察力的人。我反倒是对于那些文笔极佳的年轻人心怀警惕。在文章的表现力上，只要本人有充足的想表达的内容，经过练习之后文笔总会进步。但是对于毫无想表达的内容且表现力空洞之人，却无从练起。

（五）经费问题

研究肯定是要花钱的，但并不是钱花得越多越能做出优秀的研究。最好是给那些“没有钱也能做出优秀研究”的人充足的研究经费。但实际情况是，经费都集中到那些有钱却不好好研究的人手中了。为了财务对账便利，我们只好购买不知道如何使用的高价设备，而在书店看到自己急欲购买的书籍时，却只能自掏腰包。

为了写一个几乎没人会看的报告，我们要动员学生们帮忙收集数据。科研经费的审查也不公开进行，还不允许大家对审查结果提出“上诉”（美国允许上诉，可以提交复审要求。而且批准哪个研究、否决哪个研究的理由也是公开的）。

在日本，研究人员获得的研究经费大部分要靠文部科学省（日本中央政府行政机关之一，负责统筹教育、学术、文化等事务）的科研费，包括民间团体在内的其他资助经费制度也是不完善的。

如此一来，生财之道一固定，就脱离不了重视“交情”和“人脉”的危险性。另外，给予文科类的经费资助与理工类的差距悬殊。心理学等应该属于理工类，研究者需要购买最新的实验装置和设备。但如果认为“心理学是文科”，考虑到“文科类有纸和笔就够了”的话，那就只能得到微薄的资助，微薄到难以置信的程度。在日本，这种文科和理科的差别对待极其严重，可以说几乎达到令人绝望的程度。

我本人以前是理工类专业出身，按惯例使用过大量的研究经费。现在却要从自己的腰包拿出很多钱来，也影响到了家庭生计。学生们也是一样，工科的学生配发了足够的研究经费，他们可以没有顾虑地自由支配计算机使用费和复印费。但是文科学生很悲惨，我很难轻易开口对他们说“这篇论文务必要复印下来”。

提起这些抱怨就没有止境了，在此告一段落。但是，我可以说“经费过多的研究必然会败落”，这不是吓唬大家而是事实。总是有人发牢骚说“再多点儿钱就好了”，这种程度恰好合适。但现实情况是，如今除了计算机科学和电子工程学等“明星”专业领域之外，大家说的不是“再多点儿钱就好了”，而是大声疾呼“给我点儿钱吧”。

五、迎接美好的相遇

自身的研究能力自不必说，要使研究得以继续发展极为重要的还有与良师益友的相遇。相遇是任何人身上都必然会发生的事。但是，有人错过了机会，也有人抓住了机会。

人们在相遇的过程中会学到什么呢？应该是学习提问方法。学习的是对事物质疑、对事物本源性问题质疑的态度。因此，我们从接触到的人身上继承的并不是所谓的知识（如果继承了知识就成了“学派”或“流派”）。一个问题能追溯到何种深度，人们是在别人的不断质疑中才体会清楚的。

我尊为师长的 K 大学的 M 教授经常说：“沿着我的足迹、追逐我的脚步是没用的，而应该站在我的肩膀上，将我超越。”别说赶超了，我现在仍然仰望着在前方的我的老师，将他的教诲铭记于心。此外这老师是一位“有学统无学派、有学问无学科”的人。

有学问系统，无学术派别。

有学问之识，无学科之分。

学问系统已经延续了一百年、两百年，甚至有数千年的历史了。我们不能忽视学问系统中人类探求知识的体系。但是，不能称其为某某学派或什么什么学派。探求事物的学问是存在的，制度化的学科却被认为实际并不存在。

与益友的相遇也是同样的道理。年轻时彻夜畅谈，口若悬河地讨论，也共同经历过漫长的沉寂，共同体验过“还是不明白”的无奈。这样的交情一生都不会消失。最近，我重遇了 20 年未见的朋友，互道一声“你完全没变啊”，真是太好了。

“没变”的是将学问追究到底的态度，发现疑点就一定会找寻到谬误之处。坚信自己的意见、敢于拼上自己全部的那种年轻时的冲劲儿没有变。

当然，现在大家都成为专家了，研究的领域自然有所不同。但是，重遇这些旧友,心中不免被激起从头再干一场、重新再思考一次的斗志。

请不要错过与良师益友的相遇。要与他们深入交往。大家来相互感化、共同成长吧。能够支撑学问走到最后的，是研究者这个“人”本身。如果疏于锻炼这个“人”，那研究必然会颓废。最后的决胜关键在于“人”，在于培养这个“人”的伙伴们。为了能邂逅“好伙伴”，必须先好好磨炼自己。

第五节 提高学生质疑能力的发问方式

一、谁来发问

我在对教育界的特殊用语尚不熟悉之时，听到“发问”这个词想当然地认为应该由学生来提问，并对此深信不疑。

其原因在于，学生们在学习时对各种知识怀有疑问并向父母和教师提出问题，这本来就是学生该有的学习态度。

但是，此后有各种机会亲自听课才发现，上课常常是以教师发问、学生回答的方式进行的，极少能遇到学生们主动发问的情况，我也明白了按实际情况解释，发问就是由教师来问问题。

然而在美国，学校里学生发问时是相当活跃的。在美国的大学课堂上，教授提出一个话题之后问是否还有其他问题时，教室里就到处都有人举手。这样讲述 15 分钟左右接着讨论 10 分钟，随后再讲述 15 分钟再讨论 10 分钟。他们是以这种方式进行授课的。我们经常对此感到惊讶，吃惊于他们能瞬间想到这样的问题（实际上其中也有一些无关紧要的问题，但有时确实也有很好的提问）。

在日本的课堂上，从小学到大学，提问的都是教师，回答的都是学生。这是社会上的普遍想法，如果由学生提问则会显得学生很傲慢，或者很可能是他们没有好好听教师说的话，他们偷懒或走神了。甚至还有学生课后提问被教师批评的例子。心心相印才是交流的奥妙所在，要求我们从只言片语的细微之处窥知其真意。在这样的考量中，学生向教师提问就变得令人无法容忍了。

然而，我们仔细想想，所谓学问本就应该是提出问题的学习。忘记提问的学问变成了权威主义，或者是只顾一味收集数据的“摸索型实证主义”。

不管教育界的普遍想法如何，本来就应该由学习者提问，学习本身就是要学会提问的方法，还要不停地发问。我认为在日本必须要更积极地研究教师在课堂上如何才能促使学生发问。

二、自己内心怀有疑问

如果说教师向学生提问有何教育意义的话，主要在于培养学生在自己的内心怀有疑问的意识。但是，这种做法颇有难度。

在教师提出问题之后，学生们只关心答案是什么，并没有注意到发问的意义和作用。那么首要的应该是现在发问这件事本身，至于问题的答案应该是排在第二位、第三位的。作为被问问题的人，竭尽全力地回答问题，并从中学会发问是极为不易的。

我们最应该避免的是所谓“让别人做”式的发问，虽然这种情况时有发生。换言之，本来教师应该说的或自己想说的话，都应该当作让学生发言的手段有意识地向学生发问。例如特意让他们说一些理所当然的事，让学生们接着教师的话之后发言，或以提问的形式让他们复述“上周讲过的内容”等。

总而言之，如果教师不是在教学生提问，而是让学生猜出教师头脑中想好的答案，我们必须要说以此为目的的发问是不符合教育性的。学生们窥视教师的脸色，试图从教师行为的片段捕捉到暗藏的信息。他们不问事物本质，只通过观察教师妄图获得答案。如此进行授课的教师因“学生的注意力集中在自己身上”而沾沾自喜，他们不关心学生是否关注事实本身，只在乎学生和教师之间的“内心交流”。结果就成了，只要关注教师不知不觉就会想出一个个答案来，只要按教师的指示做一门功课就完成任务了。乍一看教室里气氛活跃，教师和学生之间的交流也很深入，却也弥漫着一种说不出的浮躁，我们有必要考虑一下这时的教与学是否已经陷入了“危险”之中。

学不会提问的另一个典型就是“提问后放任不管”的发问方式。教师提问，学生一起举手，再叫某某回答问题，这个孩子答完。然后，教师什么也不说直接叫下一位同学。对学生来说，没有什么比回答完教师的提问却没有得到任何反馈更觉得屈辱的事，也没有什么比这个更让学生丧失学习热情。学生会觉得“老师只听取他喜欢的孩子的答案，而自己只是被点到了而已”。

或者，只有特殊的孩子才能在黑板上书写答案，别的孩子的答案教师听过就算了。那么，教师会解释说，自己实际上只是充当了“主持人”的角色，让每个孩子发表意见，让孩子们互相争论。然而，即便是这样，教师应极力避免不给学生反馈的行为。教师应该总结学生发言的梗概，也可以提出“这个意见合理吗？”之类的问题，引导其他学生共同思考。

我们应该时常注意的不是“寻找问题的答案”，而是重视“学习该在何时提什么问题”。我们绝不能在得到满意的答案和意见之前一次一次地提问学生，或是在不给任何反馈的情况下提问下一个人。

三、在何时该提什么问题

发问本来就应该是启发式的提问。发问不是让别人说出答案，教师的提问应该作为一种激励，开启学生的探究意识，只有这样的提问才是真正意义上的发问。那么，让我们一起来思考一个问题，这种启发式的提问应该在什么时候，以什么形式出现呢？

（一）改变对方观点的提问

孩子们被固定观念束缚会妨碍到他们的理解能力，这种情况下，我们要让他们改变立场来思考，追问其作用和目的，让他们确定视点。

（二）导入其他假设的提问

我们可以试着提问学生“如果没有这个条件会怎样？如果加上这个条件会这样？”，以此来设定完全不同的假设条件进行思考，或除去特定的假设条件进行思考。这些靠学生自己领悟是很困难的，大多数情况下必须要在教师的引导下进行。

（三）要求对方举例的提问

我们可以发出如下指示：“比如有什么样的例子呢？”“谁有过与此类似的经历？”“请列举出满足这个条件的例子。”在这些指示下，孩子们找寻实例时，便少不了带有真实感的理解。

（四）举例促使对方思考的提问

“这种情况下该怎么想呢？”“请思考这个例子是否符合现在的条件？”诸如此类的提问，教师举出浅显易懂的典型例子并让学生进行思考。在让孩子们关注特定立场（侧面）时，或针对过度的一般化列举反例时，这样的提问尤其有效。

（五）简化后促使对方思考的提问

就是说将大数值替换成小数值，将无关紧要的特点排除在考量之外，促使对方用简单模式进行思考。只保留必要的方面，将世界缩小来看待。多数时候由此可以看清事物相互之间的关系。

（六）指出矛盾的提问

就是说让学生意识到潜藏在自己内心的矛盾，让他们对曾经深信不疑的事物抱持怀疑态度。将他们认为理所当然的规则和原理原封不动地套用在一切事物上，并与他们更为崇尚的规则相互印证。

（七）提出“真是这样吗？”的疑问

对于学生无意中说出的他们认为理所当然的事，教师要敢于将其当作一种认识，并提出“真是这样吗？”的疑问。让学生对于以前没有怀疑过的事物也能表现出疑问意识。

（八）逐步变更条件使其达到极限值的提问

为了看清事物的本质，逐步改变特定的条件是行之有效的。这个方法适用于通常条件下不知何为重点，但变为极限则知晓的情况，也适用于知道通常的事态但不明白哪个条件的改变起决定作用的情况。

以上这些教师的提问基本都属于“给予思维启发”的类别，而不是暗示学生答案或提示答案的线索。虽然孩子们最初是被引领着进行思考的，但他们必须要独立地进行探求活动，逐渐开始自己提出问题，自己寻找答案。

四、学习如何提问的课程

在教师引导下得出结果，或与同学交换意见时得出结果，这些结果大体有了着落之后（得到正确答案或得到调查实验的结果），每个孩子都有必要回顾一下自己的探求过程。这就是方法意识的提高。此时，学生有必要对“如何被提问、应该如何提问”等进行充分思考。

即使我们经常会放任不管，但我们应该分配出时间充分思考学生们是否以各种信息源为基础进行探索。

如以创造问题为目标进行授课，我们在提到发问时当然会认为是由学习者提出问题。

我认为掌握了提问能力才具备真正的学习能力。然而，以往的教育都只是将回答问题的能力当作学习能力。对众多事物抱持怀疑态度应该是小学之前，特别是小学低年级的事。到了小学高年级和初中，学生的水平奇怪地划分了界线，在提问之前他们要考虑很多因素。例如，“问这么无聊的问题太丢脸了吧”，“要是认真听老师的话，就不会有这样的问题了吧”。

我认为在学校教育中我们更有必要积极尝试的是抛开“提问可耻”的普遍观念，致力于打造出一个“以不提问为耻”的社会。

在日本经常会有这样的情况，有的人在人前提问犹豫不决，但让其提交书面文字能出乎意料地提出有趣的问题。因此，在教学生提问时最理想的做法是：起初应该给他们创造问题的提示，让他们以书面形式提问，再引导他们逐渐过渡到能在会话中提问。为此，教师在某种程度上应该有意识地在授课中与学生探讨提问的方法，学生在模仿这种提问方法后开始尝试自己提出问题，这才是可取的方式。

我们应该把教会学生提问作为教育的根本，而不是回答问题。我们有必要再一次审视课堂提问的重要意义，不是吗？

第二章　从学习者的角度看课堂教学

第一节 从学习者的角度看学习积极性

——谈信心是如何获得的

一、是“传授者的角度”还是“学习者的角度”

首先，要请各位教师自己做出判断，即对“唤起干劲”或“激发热情”感兴趣的理由、动机。如何才能唤起对方的学习热情呢？在问这个问题之前，我们应该问问到底为什么想要唤起学习热情呢？

如果觉得这个问题过于唐突，那就请教师具体地想象一下，在课堂上你希望某个孩子有学习热情时的情景。

想唤起孩子的学习热情，大概是因为他完全跟不上你的课程，总是心不在焉吧。之所以这样想是人们一般认为孩子成绩不好是因为不学习，而不学习是因为没有学习热情。虽然教师“想让他做那个”，“想让他干这个”，但是他本人表现得完全不感兴趣、不关心。

如果因为这个理由想唤起对方的学习热情，当然就是从“传授者的角度”（或者说是“施动者的角度”）出发对学习热情表现出的关心。

另一个想唤起孩子的学习热情的理由，是因为孩子完全不知道求知的喜悦和乐趣。对学生而言，思考本身是耗费精力的、麻烦棘手的，实际也是惹人生厌的。有的学生对于应该会做的题目，不从头思考就做出解答。给他鼓励式的批评就垂头丧气，得到表扬也毫无反应。他们对任何事情都无所谓，我们真希望看到他们对什么都感兴趣的样子。

基于同样的理由，也会发生下面的情况。一个孩子成绩一直很优异，母亲也勤于教育。但是，教师在教他时这个孩子却毫无乐趣可言。那是因为，你即使列举出想到的各种各样的理由和根据进行解释，这个孩子也表现得毫无兴趣，看着你的样子仿佛在说“赶紧说答案吧”。在成绩差的学生结结巴巴地发言时，他也表现出无聊的、不耐烦的样子。这样的学生会做很多事，也懂得很多。但是，他们唯独不知道求知本身的乐趣。有这样的智慧，如果还能唤起他们真正的学习热情那该多好啊。

由此看来，真心期盼想唤起对方的学习热情，就是从“学习者的角度”（或者说“做事者的角度”）出发对学习热情表现出的关心。

教师自己经过充分反省就可以辨别出，必须选择其中的一个角度。在辨别时不能妥协、不能折中。换言之，“想要学生形成内在的动机”，“想使其拥有独立性”，“想使其拥有知识趣味”，但作为教师你的真心到底服从两个角度中的哪一个，会导致说出的话完全不同。

提到“对知识的好奇心”和“内在的动机形成”，可分为本意在于“传授者（施动者）”还是“学习者（做事者）”，角度不同则内容、学说、思想、实践程序等都不相同。

在明确地、小心地进行辨别之后，教师自身根据教育性的决断来选择一个角度。并且在选择后，心中必须铭记要舍弃另一个角度，要避免游移不定的态度。关于这一点，只有一条路可走。

那么我的决断是，站在“学习者的角度”。

二、教师要以“更多地寻找优点”为目标

从“学习者的角度”思考学习热情和学习积极性时，意味着首先教师要以价值的多元性为目标。

在对事物进行评价时，我们应该舍弃只用单一评价尺度进行排序的想法。进行一项测试时，就是把整个班级当作一个序列。这是不容否定的事实。我想表达的并不是测试不好，我想强调的是不能用一个尺度来评价所有事物。

那么，是不是用“多种类的测试”来评价就可以了呢？这样也未必妥当。如果测试A和测试B有极高的相关性，那最终还是和只用单一测试来评价没有区别。

如果班级中的某个孩子“用所有评价尺度来看都是最优秀的”，那么可以认为这是异常的。因为这会造成别的孩子“在所有方面都最糟糕”这种评价的可能性。对于被这样判定的孩子来说，不可能再唤起他们的学习热情。试想一下，“在所有方面都最优秀”的孩子就等于说他们已经没有需要改善的余地了，当然也不可能再唤起他们的学习热情了。

世界上存在着多元的价值观，它是一种不与其他个体相互比较的评价基准。忘记这一点就等于否定了站在“学习者的角度”的理论。

教室里的学生们拥有超乎想象的多元的价值观。“那个孩子算术不行，但是汉字学得很好”，“那个孩子学习一般，但是游戏打得特别棒”等，大多时候在互相“寻找优点”这方面，孩子比教师更加擅长。

班级里的所有学生都对互相“寻找优点”很敏感，如果教师也能对此好好鼓励并悉心守护，教室里的气氛将变得分外活跃。

然而，教师要是只对一元价值观感兴趣的话又会怎样呢？能符合这一标准的孩子当然没问题，那些不符合这一标准的孩子就没有希望了。教室中的所有孩子都对自己在教师眼中是“有希望”还是“没希望”表现出强烈的关心。一旦孩子深信“大家都觉得我一无是处”，觉得辜负大家的期待很过意不去，他们也就只好继续扮演“一无是处的人”。

三、观察他人能反衬自己

如果我当教师，会偶尔进行这样的调查。先和学生约定好秘密绝不外泄，然后再告诉班级里的孩子们“请尽可能地找到朋友各自的长处，并将这些优点记录卜来（选择朋友的个数不是问题）”。在进行这种“寻找优点”的调查之后，我们应该注意的是，到底用一元性的标准来评价还是用多元性的标准来评价。

有的孩子在评价他人时允许多元性，并且拥有多种评价视角，实际上这样的孩子也能够用同样的眼光看待自身。这样的孩子一般情绪稳定、有自信，在紧急时刻知道自己该做什么。

与之相反，对人认识单一化的孩子，在看待自身时也同样单一化，因此他们的认识会到“无法挽救”的地步。对于这样的孩子，不管他们的学习成绩如何，教师都要多加注意。他们极有可能缺少作为“学习者”的学习热情。

对于这些学生，应该认真地与他们谈谈价值观的多元性，引导他们对人对己都能具有多元的认知标准。

四、切实了解自己能做的事

如果我当教师，会经常进行这样的调查。

无论是算术、日语，还是其他考试，在考试发试卷的最初三分钟之内让学生预测“自己在这门考试中能得多少分”（最好让学生写在另一张小纸上，也可以让他们写在试题的空白处）。在考试即将结束，教师发出“停笔”命令之前让学生再次写下“自己在这门考试中能得多少分”。

这个调查的重点在于，让学生获得自我认识的现实感。那些没有学习热情的孩子，对于自己能完成到什么程度持有一种完全不现实的见解。我们刚才列举了对人认识的贫乏性，在这里要说说自我认识的非现实性。

关键是要消除对了解自己的恐惧。那些评价单一的，在此评价基础上坚信自己没有希望的孩子，在一切事情上都害怕了解“真正的自己”。因此，他们经常设定超高的目标，或者反过来设定一些极不合理的低目标。

为了能冷静地观察现实，特别是能无所畏惧地看清并评价自我的现实，当然不能用统一的基准来评判事物，这种教育的氛围是十分必要的。我们必须在这种氛围中引导学生放心地观察自我。

对自己未来状态的观察也是同样的道理。如果将自己的未来状态过分置于能力主义的序列中，这就与“没有学习热情”相关了（即使表面成绩不错）。甚至，用同一种观点来说，设想出极其不现实的未来状态，表明自己不能直接面对自身现实、逃避到了梦想的世界中去。正视自己、掌握有现实感的知识才是学习热情的重要条件。

五、考试时可以带教科书和笔记

站在“传授者的角度”的人们，在鼓舞孩子的学习热情时会试图唤起他们的义务感（或者说是必做之感）。他们会说“不学习就不及格”，“无论如何艰苦也必须要做”，“别人都在学，你也必须得学”之类的话来引导孩子。

如果站在“学习者的角度”，这种“必做主义”是最惹人厌恶的，不得不说这种提法与“学习者”丧失学习热情有很大关系。

从“学习者”角度看，能唤起学习热情的不是义务感，而是“能做到之感”。

正因为如此，上一节内容中提到的对“自己会做的事”的正确自我认识变得尤为重要。上一节提到的自我认识中，并没有正视事物的可能性。弄不好的话，会觉得“既然很难完成，估计自己还是做不到的吧”，这种想法包含了悲观的自我认识固定化的危险性。为了克服这一点，学生必须通过自己的努力加上自我认识来改变自己，应冷静地直视自己的现实，并将它视为可以改变的现实。

如果我当教师，会偶尔进行开卷考试，即没有时间限制，可以携带教科书和笔记的考试。当然，应该给予那些不看教科书和笔记也能早早交卷的孩子相应的赞赏。但是，让孩子们体验不依靠别人的帮助，只凭着自己的教科书和自己的笔记并且独立思考就能完成的实际感觉，这也是极为重要的。

很多学生都存在一种“不明白就去请教他人”的武断的想法，在这个过程中会介入“惹别人不快”或“得零分”等想法。对这个学生来说，只要心中没有萌发“能做到之感”，学习就得不到任何效果。

如果偶尔进行一次可以携带教科书和笔记的考试，学生就会提前看教科书吧，哪怕是只看一点儿，或者会开始整理笔记吧。并且他们会通过自己的思考真实体会到“理解”的感觉。（在平常的考试中得50分以下的孩子，这次可以让他们照着教科书和笔记再做一遍同样的试题。重点在于“让他们做好准备”，因此教师最好事先通知一声。）

经历过这些体验，学生就会产生只要仔细阅读教科书、认真整理笔记就能做出试题的真实体会，他们一定会逐渐发觉即使没有教科书和笔记自己也能完成。

再次重申一下，想要抛开“不明白就去请教他人”这种过于简单的想法，连吓带哄、奖惩并存的方法都是没有任何效果的。依靠“好奇心”也是徒劳的。总之必须要让他们体验“从做到能做到”的结合。

第二节　不知道“？+3＝5”

一、不知道“？+3=5”

假设有孩子完全不知道“？+3=5”这个问题。假设这个孩子名字叫小 A。前提是小 A 对“2+3=？”这个问题能轻易回答出是“5”。那么，我们应该怎么想呢？

（一）题目就是问题

为什么小 A 对“2+3=？”这个问题能十分轻易地回答是“5”呢？

一方面，对于“2+3=？”这个题目，小 A 能立刻理解出“2”这个数字和“3”这个数字相加总共得几（他明白“题目就是问题”的情况）。换句话说，刚才的算式就是“原来有 2 个东西，再往里面加上 3 个，总共变成几个了呢？”的问题，将这个问题作为自己本身的问题，或作为自己想知道的问题，就能明白答案。也许先竖起 2 根手指，再竖起 3 根手指，然后数数一共竖起几根手指，那么这就变成了最基本的问题。这时，从头再数一遍就变得极为必要，他们明白了世界上经常会发生这种情况，也明白了只要不迟疑地再数一遍就可以了。

另一方面，我们来思考一下“？+3=5”的情况吧。教师说：“某个数加上 3 之后等于 5，那这个数是几呢？”小 A 糊里糊涂地听完教师的提问，有些不甚明了。

当小 A 听到提问的某个数时，他立刻就想知道“那个数是几”。小 A 在日常生活中遇到不懂的问题觉得自己解决不了时，当时就想知道答案。他会自己思考或试着请教别人。这种习惯养成并保持至今。如果当时有不懂的，他会顺其自然，或者只要等着他请教的那个人想办法就好了。他用自己的经验智慧判断出反正总会有办法。然而，现在这种方法却不管用了。某个数先出来了，这样的话他就不明白了。

在此我们假设教师会如此说明："假如盒子里已经放了若干糖果，再将2块糖放进去,总共有5块糖了,那么最开始盒子里放了几块糖呢？"

小A还是不明白。反正已经知道盒子里一共有多少块了，最开始盒子里有几块应该"不算问题吧"。为什么现在才当作问题提出来呢？

（二）不知道做法

对"2+3=？"这个问题，小A几乎可以不假思索地回答出来。当然他心中也曾具体想到这个问题是什么情况，意识到自己"想知道"这个问题的情况,并将前面的算式解释为"想知道加起来一共是多少"。但是，现在没有这样的"解释"也会一下子知道。看见算式立刻开始随便摆弄手指，先竖起2根手指，又竖起3根手指，眼睛自然地转动，"1，2，3，4，5"这样地数出全部手指，最后以"5"为答案。这一系列的流程他已经十分熟悉了。并且，他百分之百地相信这种做法是对的。他对这种做法的正确性有过令人极为信服的经验，也有过用这种方法顺利解决问题的实际成果。虽然偶尔他也会觉得不妥，但重新想象一下问题情境，能证实"这样做就好"。总之，他清楚地掌握了"有自信的做法"。

因此，小A在解题时回忆起自己熟知的做法，并坚信用这种方法解题就可以了。他认为解题就应该是这样的。所谓的"不懂"是指"不明白做法"。无论如何也想不出来"怎么做好呢？"的时候，就会被自己不知道的绝望感击垮。"做法"是指"能使事物顺利进行的方法"，是为了能顺利解答"2+3=？"这个问题。

当被问到"？+3=5"这个新问题时，小A想不出办法。"我不知道这个问题的解决方法"，怎么也想不出"这样做就能顺利得到答案"这样自信的做法。

小 A 必须在黑板前面、在大家面前做出答案。教师等着他回答。大家注视着小 A 并对他说“小 A 加油”。小 A 脑海中全是“该怎么做呀，该怎么做呀”。然而教师只说了一句“好好想想”。小 A 的心理状态便成了他想不明白“看，这有一个盒子，假设里面放了几块糖”这句话。他不知道答案，不知道回答方法，他觉得自己必须做点什么，想方设法找到“解题办法”。例如，这样掰手指行吗？这样竖起手指怎么样？从这儿开始数如何？从那儿开始数怎么样？

（三）“啊？减掉就行了？”

不知是谁小声说了一句：“小 A，减掉就可以了。”这时，教师就会板着脸说：“大家安静！小 A 正在思考。”“减掉就行了？这真是一个重要的提示。对了，刚才把题做对的小孩在黑板上就是用减法计算的。但是，他说的减掉就行了是什么意思呢？这道题怎么看都像是加法呀！因为写着‘+’呢。为什么用减法能算出答案呢？我绝不应该做那样没道理的事儿。‘减掉’就是‘拿掉了’‘没了’或‘给出去了’。但是这道题里的糖却陆续‘增多’。本来是‘3’个，现在变成了‘5’个。减掉就可以的说法好像很奇怪。完全不明白是怎么回事儿了。”小 A 在黑板前面思索着。

（四）“思考了还是不行”

教师开始大声说：“小 A，好好想想。你好好想想就明白了。”

但是，小 A 从刚才就一直在不停地思考，结果他还是不会。即便这样，教师还是说“你想想就明白了”。小 A 已经完全不知道怎么做好了。“啊，完了！我脑袋太笨了，想也想不明白。想想就会了这种事至今为止从没在我身上发生过。大家好像都能做到想想就会，但我不行。我干什么都是倒数，总是跟不上大家。如果一直这么进退不得，大家或许就不管我、不关注我，或许不会有人帮助我。反正我只能一动不动，只剩下哭了。我一直是这样活过来的。这次也能混过去吧。

对了，反正马上就要到午休时间了。一响铃就下课了。我就一直装作‘正在思考’‘很为难’的样子，装作‘正在努力’的样子一直到下课吧。老师知道‘这孩子想也想不明白’，估计也就放弃了吧。”

“班级里应该还有其他‘不会做的孩子’。小B肯定也不会。以后只偷偷跟他玩吧。跟他玩儿不会跟不上。我讨厌上课。老师虽然很热心，但不了解我。在学校只有跟小B玩儿最快乐。我为什么总在大家面前出丑呢？以后都别管我了。反正我再怎么思考也还是不明白。”

二、S教师登场

S教师偶尔会到访学校，在教室后面认真观察小A和任课教师的互动，下课后S教师提出想和小A单独谈谈，于是有了下面的对话。

S：小A，和叔叔玩一会儿吧。

A：嗯，好啊。

S：小A总和谁一起玩儿啊？

A：小B。

S：是吗？玩儿什么呀？

A：嗯……在沙坑玩过家家什么的。

S：但是我今天看见你单杠玩得很好。你喜欢玩单杠？

A：也没有特别喜欢。

S：对了，今天的算术课你听得挺辛苦啊。

A：……

S：叔叔教教你吧，你肯定能会。

A：……

S：小A你会加法吗？

A：嗯。

S：那2加3等于几？

A：5。

S：你回答得好快，立刻就知道答案。你为什么立刻就知道呢？

A：一个是2，一个是3，你看，加在一起不就是5吗？（用手指演示）

S：是呀，说得没错。小 A 做这样的题很容易啊。比如你有 2 块糖，你奶奶又给了你 3 块，小 A 你现在一共有几块糖？

A：5 块。

S：你是怎么算出来的？

A：就是相加。

S：那用算式怎么写呢？

A：啊，我不知道。

S：你看，什么与什么相加时应该怎么写呢？

A：我知道了。“2+3=5”

S：没错。很棒啊。写得不错。在思考 2 加 3 等于几时，等号后面写上自己加算后的答案。

A：嗯。

S：那么你再想想，如果叔叔到小 A 家玩儿，而且我们做了很多游戏。在我回家时，放了糖在这个袋子里作为礼物送给你。(取出小布袋。打开袋子一晃，让他确认里面确实放了糖。)

A：啊，可以打开吗？

S：不行不行，现在还不能打开。小 A 你本来就有 4 块糖，（取出 4 块糖之后递给他）还得到了叔叔这个袋子里的糖。但是，你送叔叔到门口时你的弟弟小 C 打开了袋子，把你原先的 4 块糖也混进去了。（实际上是突然打开袋子把 4 块糖混进去的。一共变成了 9 块糖。）小 A 你想知道从叔叔这儿得到了几块糖吗？

A：嗯，想知道。

S：那你知道吗？

A：嗯……我本来有 4 块糖，那去掉这 4 块，是 1，2，3，4，5。啊，给了我 5 块。

S：对呀。是 5 块。你怎么知道的？

A：很简单不是吗？先去掉 4 块，再数数剩下的。

S：那小 C 打开袋子把糖混在一起后一共有多少块呢？

A：一共啊？嗯，1，2……9 块。有 9 块。

S：对了，一共有 9 块。那你从叔叔这儿得到几块？

A：去掉 4 块，1，2，3，4，5。是 5 块。

S：你说去掉 4 块，是从几块里面去掉 4 块呢？

A：从 9 块里面去掉 4 块。

S：然后呢？

A：然后剩下 5 块。

S：这 5 块是什么呀？

A：叔叔给我的糖。

S：从 9 块里面去掉 4 块还剩 5 块，你能写出这个算式吗？

A：嗯。"9−4=5"。

S：没错，还有一个问题。这次叔叔把其他数量的糖放进袋子。你不要看啊。（往袋子里放 2 块糖）假设你最开始就有 3 块糖，小 C 打开袋子把糖混到一起了。（一共有 5 块了）叔叔给了你几块糖呢？

A：2 块。你看，从里面减掉 3 块就剩 2 块了。

S：没错。那算式呢？

A：嗯……首先一共有 1，2，3，4，5 块，是"5−3=2"。

S：完全正确！

A：万岁！

S：小 A，这样的问题你做起来已经很容易了。你真了不起。

A：再出几道题！

S: 已经可以了。那么，刚才的问题我们可以这样来写。“? +3=5”。

A: 嗯?

S: 你看，这个“? ”就是叔叔给你的袋子，这个 3 就是你本来有的糖的数量。这个 5 呢就是小 C 打开袋子把糖混到一起后总共的数量。

A: 是这样啊。明白了，我明白了。

S: 那么，把最开始的问题也用“? ”写出来吧。“你得到了叔叔放在袋子里的几块糖呢? ”这个该怎么写呢?

A:（写了一个“? ”。）

S: 是的，小 A 你开始就有 4 块糖。把这些糖和叔叔给的糖混到一起……对，算式先写到这一步。

A:（写出了“? +4”。）

S: 然后，小 C 把糖混到一起总共变成了 9 块。

A:（写出了“? +4=9”。）

S: 是的，这就是这道题的写法。你明白了?

A: 嗯，明白了。再出几道题吧。

S:（S 教师又出了几道题，小 A 练习了问题的写法。）那么，现在我们写一下这道题的解题算式。刚才的“? +3=5”，你是怎么算出来的?

A: 啊，我忘了。

S: 你看，叔叔给了你几块糖，你自己本来就有 3 块，小 C 淘气弄混了变成了 5 块。

A: 我想起来了，是“5−3=2”。

S: 没错，是减法。在解答“? +3=5”这个问题时，计算“5−3”就可以了。这样你明白了?

A: 嗯，明白了。再出几道题吧。

S: 很不错。今天就到这儿吧。

第三节 求知好奇心的反论

——谈“学习积极性”从何而来

一、所谓自由研究

好奇心本来是极为隐私的（个人的）东西。即使在它前面加上“求知”这个修饰语，隐私的（个人的）这一点也不会改变。也许这是一个陈旧的想法，致力于多种研究并表露出好奇心的行为不得不说有点俗不可耐，是不谨慎的表现。我们不禁要怀疑，在教室里“发挥”或“培养”这种好奇心是什么意图呢?

假设全国80%的小学男生对昆虫有好奇心——想在前面加上“求知”这个词也无不可。那么，小学理科课程的多数时间都花在观察昆虫的生活上会怎么样呢？刚才说的80%会变成90%吗？日本会成为拥有很多世界级昆虫学者的国家吗？我的预测正好与此相反。小学男生中对昆虫感到好奇的人恐怕会因此下降至10%的程度。

如果小学生对跑车表现出极为狂热的好奇，就将内燃机动力学引入小学生的课堂，将V12引擎的分解和组装作为正课会怎样呢？如果漫画非常畅销，将教科书以漫画的形式呈现又会怎样呢？对于孩子们感兴趣的事物，我们不能为了培养并发挥这种能力，将所有的课都用他们感兴趣的教材来讲。

“求知好奇心”在教育界好像已经有定论了。但是，我仍然暗自相信一个公理。这个公理就是，“在教育界某种新词‘固定’之时，其‘固定’后的概念与它原本代表的内容毫无共同之处，或者说成了‘完全相反的概念’”。当我看到“发挥求知好奇心的课程”这样的话语时，我开始痛感这个公理的真实性。

在好奇心驱使下研究事物时，与其说人们在品味知识本身，不如说更多的是在品味研究过程之中的自由感。这一点与初中生和高中生在好奇心驱使下吸烟有相似之处。最开始吸烟不可能会觉得很爽，甚至会边呛边吸烟。如果真有最开始吸烟就觉得很爽的人，那他的遗传基因中已经混进尼古丁了吧。

这一点对于“求知好奇心”也是一样的。顺便一提，好奇心这个词在前面加上“求知”这一修饰语之后，总给人一种“身份提升”的印象。我们莫名其妙地醉心于马克思或拼命读尼采和萨特的书的行为，和刚才提到的高中生边呛边吸烟没有多大差别吧。

我在文章开头提过“好奇心本来是极为隐私的东西”，换句话说，这种“研究过程的自由感”才是好奇心的生命之源。也就是说，公开提出好奇心的对象的那一刻，就已经失去好奇心的对象了。

二、孤独的世界消失时好奇心会……

当然，好奇心并不等于“研究过程的自由感”。孩子想知道昆虫或花卉的名称而查阅百科词典，令人惊讶的是他们对细微的事实也要尽力了解。他们的样子与其说是对“求知过程”的关心，不如说是基于对“求知”本身的关心。

尽管如此，我还是觉得在这种情况下“研究过程的自由感”仍然是必要条件之一。失去这种感觉，对“求知”的关心也会在不知不觉中消失吧。我现在仍对自己专业以外的领域抱有好奇感，是因为想让别人看到我更好的状态，这实在是可悲呀。但是，若说我没有从中享受到某种“自由感”也是不对的。

相传某个国度有一个任性的国王，他忽然想学打高尔夫球并想成为个中高手。于是，负责国王娱乐活动的大臣在察觉到国王的“心思”后，立刻从国内找来了经过严格选拔的职业高尔夫球选手，让他立即教给国王“最优秀的高尔夫球技术”。这个职业高尔夫球运动员手把手地教学，认真谨慎地指导国王要这样拿，要那样挥，但是国王学了一阵儿觉得很无趣，便说：“我想尝试打棒球。”

大臣马上就解雇了职业高尔夫球选手，他邀请了一位职业棒球选手，命令他教国王击球要领。不久国王对棒球也厌烦了。像这样一个接着一个，国王拥有了几百次“好奇心”，但都在一天之内就失去了兴趣。现在，他躺在卧室的床上，眼神空虚地看着电视机，时而发发呆，就这样度过一整天。

上面的故事中，导致国王丧失好奇心的问题到底出现在哪里呢？是因为国王得到了一切满足。大臣察觉到他所有好奇的征兆，应该也想好了尽可能周全的对策。

现在来说另一个故事，是某一年发生在一个学校的事。这个学校的教育技术学被充分利用，学校经常用中央管理系统来监测学生瞳孔的大小。学生们的求知好奇心高涨之时，其瞳孔放大就可以最早被察觉，这一特点早已被人们熟知。一些教育技术学者将这一特点应用于CAI（计算机辅助教学），制作完成了CAI学习系统，使每个孩子的瞳孔放至最大限度，并将其作为研究素材进行自动选择，制定了个别素材。有一天，这个系统的发明者×××教授来学校参观，他检查了所有系统的运行情况后，看到一切顺利运作他感到十分满意。然而，当看到孩子们的面孔时他惊讶于孩子的脸是僵化的，孩子受到刺激后瞳孔确实会如上所述放至最大限度，这在理论上是“正确的”。因此，这位教授又翻看了二三十年前学校里同等年纪的孩子们的写真集，并观察他们的表情。那时的教育技术还不像现在这么发达。他收集孩子们所有“生动的表情”进行分析，不仅对孩子瞳孔做了分析，而且对孩子嘴角和眼梢的角度等进行测量，并相应地更改了系统。几天后，这位教授走过学校的大门，发现遇见的第一个孩子的表情已经“活生生的”了，他感到十分满足。进了教室，他看到大家的表情全都“生动”起来了……然而，当教授在一个个教室巡视，或是在走廊、卫生间偶遇孩子们时，教授突然觉得浑身发冷——大家的表情怎么都是“活生生的”呢？几百个孩子几乎完全一样，是自己设计好的“活生生的”表情。孩子们千篇一律没有了个性，这样的教育仿佛是一个噩梦。

三、爱撒娇的孩子没有好奇心

好奇心的世界是孤独的世界。

我家淘气的女儿在小的时候，偶尔会不出声地躲在房间里不出来将近一个小时的时间。我想想太闷着也不好就偷偷地看她一眼，发现她正在镜子前面兴奋地把妈妈的口红抹得满脸都是。这时，我刚想管管闲事，她却像在说“出去，出去”一样想把我从房间里推出来，仿佛在说：“让我一个人待会儿！”

我曾在一旁观察独自在沙池玩耍的小朋友，发现他的脸上带着和“享受孤独”的老学者一样的表情。他用这个铲子把沙子放进那边的小桶里。咦？这儿有一个形状有趣的纸杯，正好可以用来堆沙包。往这儿倒点水会怎么样呢？……完全是“一个人的世界”。完全自我、彻底孤独。所谓了解好奇心，就是要了解这个孤独世界的丰富多彩。容易寂寞的和爱撒娇的孩子没有好奇心。“可以一个人待着”的孩子才是“拥有自我世界”的孩子。这些孩子拥有的最大的喜悦就是好奇心。

我们知道求知好奇心这个概念的动机源自于奖励和惩罚，前文所述观点作为这种动机的对立面被提倡至今。也就是说，不是为别人（教师或父母）而学习，也不是为了得到表扬而学习。只是喜悦于（在孤独的世界里）追求知识本身——这就是“求知好奇心”。

正因如此，好奇心本身没有好坏之分。

有观点认为，不能引起孩子好奇心的教材就不应该用于教学，这种见解是不成立的。汉字应该记住，“九九乘法表”也应该背下来，这与个人的喜好厌恶无关。

四、仅用“内在动机形成”能解释吗

为了使孩子形成动机就应该刺激孩子的好奇心，这种意见也很奇怪。对孩子们奖惩并存只能刺激一时的动机形成。如果命令学生“不许说三道四赶紧学”，他们会去学习；或者说“算出一百道题就给你点心”，他们也会去做。但是，这样的动机形成是基于“外在的”。也许有人会说真正来自“内在的”动机形成必须基于求知好奇心。那么，对于下面的例子我们应该如何思考呢?

一个孩子读了德国人施韦泽（具备哲学、医学、神学、音乐四种不同领域的才华，并于 1952 年获得诺贝尔和平奖）的传记后深受感动，立志将来成为一名医生救助非洲的麻风病患者。并且他坚守这一志向 20 年，经过艰苦的学习成为一名医生，名正言顺地去了非洲的麻风病医院。这个人学习医学的动机并不是基于“求知好奇心”。他自己做出了自由的决定，完全自主地选择了学医，因此他牺牲了其他乐趣学习了医学。他的动机并非知识本身，我们能说他动机不纯吗？能说他的动机形成不是基于知识的本质（intrinsic）方面，因此就不是内在的（intrinsic）吗?

所谓的“内在动机形成”是极容易误解的说法。最易被误解的一点是，容易将它与教育界很早就开始讨论的“自主性”视作一体。“自主性”更接近于内源性（endogenous）动机形成。有时会出现非自主性（外源性 exogenous）动机形成和内在的（intrinsic）动机形成并存的情况(例如在读父母给自己的书时,喜欢得不得了而彻夜通读的情况)。另外，也有自主的（内源性的 endogenously）动机形成和外在的（extrinsically）动机形成并存的例子（如被施韦泽的传记触动而学习医学的时候）。

当然，也有外源性的和外在的动机形成并存的情况（如妈妈说赶紧学习，自己很不情愿地学），也存在内源性的和内在的动机形成并存的情况（例如有自己感兴趣的题目，而热衷于学问的学者）。

求知好奇心依据上文所说的内在的（intrinsic）动机形成理论被人们使用。“intrinsic”的意思是“事物本质的”或“事物本身”。

从“孩子读施韦泽的传记”的例子我们可以清楚知道，认为内在动机形成等于“自主性”是错误的。另外，求知好奇心本来就是孤独的，稍有差池就会堕入变得唯我独尊的危险中，或者有陷入自闭的、自言自语的世界中的危险性。

五、从“培养”到“使其萌芽”

在说起爱他人的时候，有一句话是“不懂孤独的人是不会爱别人的”。与这句话类似，在知识研究中有“不懂孤独的人不会向他人学习”的说法。诚然，与封闭在“孤独”的外壳中不爱别人相似，我们也不可以封闭在追求知识的孤独之中。

“老师，现在请先别打扰我。”

“老师，能让我自己再想想吗？”

能说出这些话的学生，可以说至少他们的求知好奇心已经开始萌芽。但是，即便如此也只能说是“萌芽”。不是教师培养出来的，应该是教师说“往那儿走”而逼出来的。培养学生达到这种状态的方法是什么呢？被问到这个问题时，我觉得很困惑。

可以说，与培育植物发芽相同，要做到“不抢先，也不追赶”。

我们不要忘记学生本人表现出的兴趣，说到底还是他本人的东西，教师不要“走在他的前面”。如果本人失去了兴趣，教师也不应该气冲冲地在他身后逼迫。

最好的做法是与孩子交流时教师自身经常拥有新鲜的惊奇感，并且对知识持续怀有好奇的眼光，除此之外别无他法。

第四节 扼杀求知好奇心的课程

——谈学生故意地、理智地“装傻”

我手头有一本美国的畅销书。书名是 *How Children Fail*（《孩子为何失败》），作者霍尔特是美国一所小学的教师。自 1964 年初版问世以来，这本书一直销售火爆。1970 年皮特曼出版公司再版了该书的简装本，同年就印刷了 7 次（发行了 25 万部）。

这本书是霍尔特以日记的形式记录在教室里经历的事，特别将重点放在了对“成绩差的学生”的观察上，并且加入了对学生的各种考察。就其研究背景来看，当时美国的现实情况是升入高中的学生中约有 40%的人中途掉队（主动或被迫放弃学业），甚至升入大学的学生中约有 1/3 的人无法毕业。也就是说，在美国所谓的落后者阶层实际数量已经非常庞大。这些人掉队的理由几乎都是由于“学力不足”。（通常所说的学力包括动手能力、知识水平和学习能力。）

这种情况在日本极为特殊，留级、退学（因学力不足被迫退学）的学生数量极为稀少。即使有也大多是按“经济理由”或“家庭因素”处理，可以说从没有人被打上“学力不足导致退学”的烙印。因此，在日本国内，表面呈现出的数字肯定要远远优于美国，但是知道实际情况的人十分清楚，实质上落后学生的数量已经达到了单凭想象就让人恐惧的程度。

一、艾米莉的情况

下面来介绍一下霍尔特观察的少女艾米莉的情况。

有一天，霍尔特听写了“microscopic”这个单词。而艾米莉直接写成了“mincopert”。然后霍尔特就在黑板上写下了“mincopert”，并对大家说：“你们之中有人把‘microscopic’写成了这样哦。”大家都哈哈大笑，其中表现得最愉快的是艾米莉本人，好像在说：“谁啊，谁那么笨啊！”（当时霍尔特没有当场指出是艾米莉，只是暗中观察她的行为。）

在另一次课上，霍尔特在黑板上写下了“CAt”这个单词，对学生们说：“请大家试着写出这个词从镜子里看会变成什么样。”当时，他还特别提醒了学生注意大写字母和小写字母的区别。艾米莉先在笔记本上写了“CAt”，接着她看着自己写完的单词又写下了“TaC”，然后她举手说：“我写完了。”接下来，霍尔特在黑板上写了“BIrD”这个单词后，艾米莉先写出“BIrD”，接着开始写“BI”（此处的“B”是如同镜中看到的翻转180度的样子），而且把“r”翻过来写成了“L”（实际上“L”并不是“r”翻过来的写法，而是反字符）。然后她又把开始的字母改成了“B”，写出了“BILD”，接着说：“好了，我写完了。”

霍尔特心想，这孩子到底在干什么呀？她得出的是什么“答案”啊？这个孩子最想做的是尽快“做出解答”，但是她并不关心自己的答案是否对题。而且她的致命之处在于，一旦得出“答案”就绝不再重新思考。这一点被霍尔特讽刺地称作“绝不反省的糟糕策略”（Don't-look back-it's-too-awful strategy），并且把她称为“等着天上掉下答案的人（answer grabber）”。

霍尔特指出，艾米莉的这种行为实际上是一种极其合理的理性策略。也就是说，孩子对自己“犯错误”这件事有着不可想象的痛苦，在被别人清楚地指出“错误”之时，孩子会努力做到尽快忘记，将痛苦和不快掩饰过去。有的孩子在教师提出问题之后，无论如何也要先做出“答案”，努力使自己不被打上“学不会”的烙印。就像买彩票时一样，先祈祷“希望能中奖”，然后忐忑不安地等待命运的裁决。当猜中了或回答对了的时候，他们心里想“啊，太好了”然后忘掉这一切。没答对时他们也会想“啊，太好了”，然后如释重负地忘记一切。为了早点忘记错误，他们等待“时间来解决一切”，然后将一切都忘记。

在教室里，当教师提问学生“谁知道答案”时，艾米莉自信满满地举起手。因为她知道教师总是爱提问“看起来不自信的孩子”。当有人回答正确时，她就表现得好像自己正确地回答了一样，连连点头。只有在班级里半数以上的人举手时，她才会自信满满地举手，半数以下的时候，她会做出一副陷入沉思的表情，好像和大家一样在想“嗯，这个问题很难”。她真是一个只能用“卓越”来形容的“理性的战略家”。

霍尔特还提到了成绩差的学生的另一个策略。上文的艾米莉的策略是“不懂装懂”。另一个策略是与艾米莉的表现相反的“时常装傻”策略。

有一天，教师让艾米莉回答“48 的一半是多少？”她用其他人几乎听不见的声音回答“是 24”。教师说：“请再大点声清楚地说一遍！”之后，艾米莉说了一句“那个……”之后，仍然用其他人几乎听不见的声音回答“是 24”。教师提醒她“再大点声”之后，她大声说：“48 的一半吗？”然后继续小声回答“是 24”。

实际上这个策略也是极其合理的。教师在让学生回答问题之前总是在脑海中先描绘出自己的解答，在听不到学生的回答时大多会叮嘱一句“嗯，答案是……吧”之后再往下进行。听法语教师的课发音很难，有学生在不知道答案时会故意用极其糟糕的发音咕哝出类似“答案”的东西。法语教师会说“发音太糟糕了”，随后自己就用优美的发音重新说。这样一来学生就可以规避难题了。

霍尔特将这个策略与某些人在战时德国强制收容所的体验结合在一起。强制收容所的人们面对德国士兵时尽可能“装疯卖傻”，试图以此逃过苦难。他们热情“听从”德国士兵的指挥，然后做出完全相反的事。

使班级里成绩差的学生摆脱被点名和回答问题时的恐惧，最好的办法是教师尽早对他们绝望。所有教师都经历过问学生："明白了吗？"他们回答："不明白。"再问："哪儿不明白呢？"大部分人回答："不知道哪儿不明白。"如果大家都"装傻"，只有教师会觉得困扰，学生都十分清楚自己一定会得到帮助。可以说，在课堂上我们应该要学习一下孩子们"装傻"的做法。

二、学生理智地"装傻"

刚才我们列举了成绩不好学生的巧妙的"最佳策略"，可他们到底是在哪儿学的呢？是不是成绩好的学生们都不采用这种策略呢？显然不是这样的。成绩好的学生也一定是按照相应的，或者说更加巧妙的最佳策略来行动的。那么教师应该把"用最佳策略攻击"自己的学生当作对手，用将计就计的战略来对付他们吗？例如，让他们无法装傻，或者在他们回答确实不明白的时候狠狠收拾他们，给他们施加更大的"痛苦"。就像堵住退路追打老鼠一样，教师应该制造一个"不得不学习"的环境，用考试督促学生；放学留下成绩差的学生直到他学会为止；叫家长来学校，让学生因恐惧而畏缩吗？

孩子寻求"最佳策略"，就像人类用双脚站立一样是理所当然的事，绝对不是因为他们狡猾，也不是因为他们违反道德。因此，将他们视为对手是搞错了方向。对于追求"最佳策略"这种行为本身，即使对他们穷追猛打也无法制止，只会使他们的策略变得更加巧妙。质问"这种狡猾的生活方式是在哪儿学的呢？"是毫无意义的。这跟看着面前的蟑螂说"这家伙在哪儿学的这么敏捷的爬行方式呢？"是一样的。问题是要看这个最佳策略是对什么"游戏"而言。在课堂上，教师打算进行"追求知识的游戏"，而学生们却进行着"逃避知识的游戏”。然而，到底有多少课程能让孩子当作“追求知识的游戏”并最大限度地活用自己的最佳策略呢？

应该明白的孩子变得不明白了，或者已经明白的孩子不是由于欺骗而是源自对知识真正的喜悦，这两种情况是由理智的最佳化倾向应用于哪一种“知识的游戏”而决定的。

三、知识游戏

前面已经说明过，我们在课堂上应该追求的是“知识的游戏”。那么，这到底是一种什么样的游戏呢？为了回答这个问题，我们必须着眼于知识本来具有的特点，并应该遵循“知识本身的规则”将游戏全面展开来进行考虑。

关于知识游戏应该具备的规则，我想指出以下三点，即知识的一贯性、知识的广度（开放性）、知识的道德性（人性）这三点。

（一）知识的一贯性

也许有人认为知识就是对某些疑问的回答，我们必须说这是莫大的误解。（当然，知识可以在寻求“问题的答案”过程——例如程序学习等——之中获得。）在这里必须说明的是，我们获得的知识不仅仅是“问题的答案”，应该说从中还能发现很多新的疑问。提到知识的特征，首先应该说它是一种具有一贯性（无矛盾性）的系统。因此，在教育场所最应注意的是关注孩子消除矛盾的行为，如果失去对它的关心，孩子就会从“知识的游戏”中偏离。然而，我们总是关注学生的回答是否正确，而失去了对学生寻找自我推论和答案的过程是否保持一贯性的关心，孩子们也会逐渐沉溺于“猜测教师期望的答案的游戏”之中。

霍尔特观察后发现了成绩好的学生的一个特征，他们能够仔细考虑自己的回答“确实正确吗？”这个问题，即使自己不知道答案，也至少能发现其他人答案的错误之处。这样的学生对知识的无矛盾性有着充分的认识，可以说他们在对知识的无矛盾性的思考过程中发现了“知识的游戏”。例如，当我们看到“3425－1278=7234”这个算式，我们立刻就会说：“明明是减法怎么最后数值还变多了呢？”我们能立刻发现，事实上部分学习优秀的学生也能立刻发现这一点。但是，成绩稍差一些的学生是自己重新计算了一遍后才说出“答案错了”。对他们而言算术就是生成答案的咒语，他们做梦都想不到其中还有着一贯的结构。也就是说，他们不懂得正确的游戏规则。如果我们的授课以猜答案作为原则，那教出这样的学生也没什么奇怪的。在所谓的假说实验教学中，实验之前先让孩子们说出各种假说是完全可以的，但如果只是为了“猜答案”而提出假说的话则没有任何意义。即使假说的结果错误，只要孩子在需要考虑的方面进行思考就应该不会有矛盾吧，或者，至少孩子是在仔细斟酌过“没有矛盾”之后才得出的假说吧。我们应该把重点放在这一点上。

（二）知识的广度

知识的本质不是“某个问题的答案”，如果我们能注意到它存在于无矛盾性之中，那么就会发现一个知识有可能成为多个问题的正确答案。我们被告知“地球是圆的”，关于这一点过去是从人类在月球上拍到的地球照片中得知的，现在我们却可以从各个方面来思考。我们相信自己应该可以胜任这种思考。我们都知道地球是圆的，因此如果一直向东走的话会返回到原来的地点。或者我们对地球上的人不会掉到宇宙边际怀有疑问，由此可能会再次确定引力的意义。“知识游戏”的乐趣就在于，一个事实可以说明很多情况，而很多事实又可以归纳到一起。

知识拥有广度绝不意味着“世界上有很多应该了解的事物”。知识是拥有广度，而又能归纳为一点的。即使不明白，在不断求知的过程中也会变得更优秀，这就是本来的“知识游戏”。但是，我们在课堂上，算术课就讲算术，社会课就讲社会，甚至学习一页教科书时也只讲那一部分内容。这样一来，知识被凌乱地分解了，如果不让学生感受整体课程的完整性带来的乐趣以及总结自身经验得到的乐趣，那么他们只是集中精力背诵了零碎的知识。他们在庞大的知识量面前无法可循，最后会认为世界的难以理解性是神秘的、玄幻的。将“理解”换成“背下来”，就是把学力当成了背诵能力，这样就脱离了“知识游戏”。

这样一思考，我们可以发觉在本来的知识游戏中，知识必须是一种有生命力的东西。如果将它理解为坚硬的矿物堆或集合，那么认为知识就是这样的东西也是理所当然的。如果将知识当作有生命的东西，那它自然会发展下去。我以前学过的勾股定理，与我理解的多次元的或无限次元的欧几里得（古希腊数学家）空间距离的定义相比，前者还远远不够成熟。对我来说，勾股定理是“不知不觉”发展至今的。如果没有这种发现（因过去的知识至今已经如此发达而产生的喜悦）对孩子来说学习就成了如地狱一般的折磨，他们下功夫研究逃脱这种折磨的最佳策略也是理所应当的。

（三）知识的道德性

在遥远的古希腊时代，人们认为知识是与道德密切相连、不可分割的。这种想法经常被人误解（后世的人们完全误解了），但“有学识之人品德必然高尚”的说法是绝不应该存在的。这是因为人们在追寻“道德”（人与人的相互关系之中应有的态度）的过程中孕育了知识，并与知识产生了联系。

这一点在现代又是怎样体现的呢？

霍尔特满心感动地写下了某一天与一个名字叫简的学生的谈话。霍尔特在指导一道数学题的解法时，简说：“但是 W 教师（之前的任课教师）说做这道题时要先这样这样做。”这时，霍尔特面色一沉。简立刻敏感地察觉到了变化，她又说：“嗯……不是 W 教师说的，好像是别的教师。”简明显在担心霍尔特会降低对 W 教师的评价，她在为 W 教师辩护。霍尔特是这样写的：“到底有多少成年人会如此敏捷地岔开话题，来保护第三者不遭受他人非议的眼光呢？很多人反而会借着指责不在现场的人来提高别人对自己的评价吧。在这一点上成年人是彻底的傻瓜。”

孩子在社会中经常互相寻找美好的东西，并与此相应地极为敏感地生活着。当同龄人哭泣的时候，孩子会不问理由地陪他一起哭泣。

在教育之名下，这种意义上的敏感性已经逐渐丧失，这是我不能忍受的。并且，有人认为学习就是如同高利贷积累财富一样地来储存知识，这同样是我不能忍受的。

我认为只有寄希望于他人,并被他人寄予期望时知识才是必要的。在自己满足他人的期望，并且他人响应自己的期望的过程中，我们才掌握了知识。而现在的课堂上，又有多少知识是通过相互挂虑和关怀而导入的呢？我们所说的“成绩好的学生”和“成绩差的学生”之间，通过相互指导来促进学习的情况应该不是不能实现的吧。例如在一个小组中，让大家对已经知悉的内容进行“教师”与“学生”的角色扮演，孩子们通过别人教给自己的经验和教授别人时获得的经验，能够体验到相互间心灵交流的过程，从而促进学习。

我们确实应该立刻执行——在知识上和道德上都应该停止继续制造“傻瓜”的行为，难道不是吗？

第五节 “平常交谈式”教育

我在美国度过了五年的研究生活，带着在美国出生的 3 岁长子回日本后不久，我就产生了与现实不相容的感觉。通过电视里的一档儿童节目，我深刻地认识到“日本原来是这样的国家啊”！

这个节目是头戴统一样式三角帽的小孩子被大喊大叫的哥哥和姐姐逼着表演“节目”，小孩子们被指挥得东跑西窜。哥哥姐姐们一刻不停地大喊：“好，那接着做……吧！”他们用好像要跳起来一般的夸张动作和表情来吸引小孩子们的注意。

我的大儿子在美国时一直喜欢看《芝麻街》，如果你看过这个节目就会明白，美国的儿童节目里大人和孩子实际上是在轻松的氛围中很平常地交谈的。他们互相坦然地提问或回答，互相赞同，互换感想，因玩笑而开怀。

孩子和大人之间没有架子的平常对话态度深深地在美国社会和文化中扎根。大人们在街角、公交车上、餐馆里，都会与陌生的孩子互相致意、如常交谈。被邀请参加聚会时，美国的成年人即使第一次见到主人家的孩子，也能与他们愉快而平常地对话。孩子们也会与客人“攀谈”，寻找有趣的话题配合客人聊天，用自己的方式来招待客人。这并不是早熟，也不是卖弄小聪明。正常的“人与人的对话”，大人是可以在轻松平常的气氛下与孩子一起完成的。

他们到底是在哪里学到这种不摆架子的自然对话方式呢？或许应该是始于婴儿的养育者。美国的年轻母亲经常和不会说话的婴儿聊天，她们用日常的英语，以和大人说话时一样的平常方式来和婴儿交流。

我大儿子上的幼儿园也是这样的。我完全无法想象美国幼儿园的教师在同一时间做不同的事。那边有画水彩画的小孩，这边有玩儿黏土的小孩；那边的角落里有拿玩具留声机听唱片的孩子，这边有给动物喂食的孩子。教师四处巡视，和孩子们像亲密朋友一般愉快地交谈。孩子也与小伙伴和教师十分轻松自如地、兴致勃勃地交谈。

日本的教育可以用一句话概括，人们经常大声地喋喋不休地在孩子耳边叫嚷着那些大人认为“应该这样做”的要求和期待。跟其他事情相比，父母总是担心自己的孩子是不是比别人落后，有没有符合“世人的期待或要求的标准”，父母最害怕自己的孩子被贴上“另类孩子”的标签。在这种状态下孩子很难保持平常心。他们经常被逼得大声叫喊，或迅速观察他人的做法并模仿。他们没有余力去思考自己真正的想法和自己想要的东西，他们只关心自己“必须要做什么”，这样好吗？

我这样想，教育并不是靠“应该这样做”的方式来培养孩子的。我们应该倾听每一个孩子的内心诉求，应该关注他们，回应他们，这才是“平常交谈式”教育真正的意义所在。

交谈并不是像相扑裁判喊“开始吧”一样摆好架势面对面进行的，而是一边携手前行一边对走在身旁的“你”如往常一般地对话。

在感叹我们的孩子“与期待不符”之前，我们自己首先应该朝前看，应该自问如何与孩子站在一起朝着成为更优秀的人的方向迈进。

第六节 促使学生学习的因素

一、孩子内心的疑问

我们往往将学生的学习理解为教师教学的结果。例如，有人认为教师首先要有想教的推动作用，才会使孩子的头脑中形成知识。

这种将学习看作是在外界推动作用下产生的结果的想法，就像潜藏在我们日常思维深处的"病灶"一样。

例如，"学习心理学"将低级动物至高级动物的所有行为，不论什么都看作是在调节外界刺激时才能形成的，并且还认为开发出相应的技术就是学术课题的全部；只要应用这种心理学知识，对任何阶段的孩子无论教授什么问题都是可能实现的，可以说这种信念正在普及。

然而，之后的认知心理学研究成果显示，从最低级的动物到猴子之类的高级动物，人们通过各个物种固有的行为无论怎么努力都有无法达成"让它学"的情况。另外我们可以了解，在几乎不给任何报酬的情况下人们自己通过尝试也能学到东西。这确实只能说是"本人自学的"。

当然，这种现象自古就被人们知悉，桑代克（美国心理学家，动物心理学的开创者）将它命名为"准备律"。他指出没有某种"预备"或"心理准备"，学习是无法达成的。但是，桑代克的这个"准备律"的含义过于笼统，即使将"学习法则"当作适用的前提条件，也不会想到学习的本质就在于此。

幸运的是，现今的心理学已经产生了对这种观点的批判，真正的学习常常是由学习者内心的疑问活动引导的，这一点最应该受到人们的重视。

因此，今天我们应该讨论的问题不是树立与学习相关的抽象概念法则。我们必须要按照各种具体的学习内容，弄清每个学生的头脑中会产生什么样的疑问，弄清知识如何被赋予了价值又是在什么样的框架下被说明的。

知识不是能单方面地“给予”或“传达”的替代物。孩子们经常根据自己内心的疑问，将外界的知识作为自己关心的“答案”来理解，另外他们自己还将知识改造成新的样子，使之变成自己最容易处理和使用的形态。

孩子将知识变为最适合自己的形态，大家可能担心孩子会任意地解释客观知识，按照自己的方式将其歪曲成符合自己情况的东西吧。但是，孩子害怕在自己的头脑中改写知识，我们只能期待他们将传授的知识原封不动地再现出来，孩子的学习活动毕竟还是模仿行为，还停留在“鹦鹉学舌”的阶段。

二、摆脱“答案至上主义”

我们观察班级里的学习活动，其中99%的活动都是由教师来提问，学生来回答的。思考这种现实情况我们可以发现，也许引导孩子内心产生疑问的学习方式完全是脱离现实的纸上谈兵。学生想当然地认为应该“由教师来提问，我来回答”，如果他们只掌握了回答方法，实际上也能顺利得到分数。在这个过程中，也许没有人会提问自己，并且认为有意地自我提问的行为是在浪费时间，没有任何帮助。

幸而在理科教育中由于假说实验学习的普及，可以说重视学生自我提问的学习活动已经推广开来。

但是，我这里强调的“内心的疑问”不必局限于目睹类似理科实验的奇异现象时发生的疑问，而应该重视对幼稚的、想当然的事情的疑问。例如，孩子做某道算术题得出了答案，但不是得到答案就结束了，而应该注意这道题目和答案的关系，能从得出答案的事实出发，使题目中的信息成为新的答案，进而创造出另一个问题。我认为这也是很重要的。

找到一个问题的答案，实际是由于我们知道其中存在一种事实。我们对表示事物的真实关系和状态的各个侧面应该清晰明了。然而一旦我们理解了事实的存在，就会产生对这一事实的全新的无数疑问，但是这无数个问题的每个答案仍然蕴含在同一事实之中。可以说，仅仅找到一个问题的一个答案，在严肃的事实面前是不足称道的小事。

三、创造“世界模型”

将上述内容换个说法可以有如下几种表述。

我们可以说，孩子学习一种知识，其实是在自己的脑海里创造了一个世界。

对于这种想法，也许学习古代哲学的某些人担心我会陷入所谓的“观念论”。也就是说我会将脑海中的观念世界构成的东西绝对化、神圣化。

然而，他们的担心是无用的。我提出这种想法的根据是以“科学的事实”为基础的。

如今，在人工智能领域，人们开发出了如同字面意思一样用来回答问题的系统（Question Answering System）。该领域的一项明确的观点就是“创造世界”的重要性。

例如对计算机提问一个简单的句子：“怎么去东京塔呢？”让电脑对这个简单问题进行概括性的回答，电脑本身必须要具备创造“世界模型”的能力，否则无法做到。也就是说，电脑必须要储存东京的地图，还必须要预设作为回答者的电脑本身的位置，以及提问者提问时的位置，必须预测提问者使用的交通工具，设想提问者想听到的描述水平（是追求深入到一举一动的指令，还是只需要描述大致方向和能作为目标的路口），还必须创造出作为眼前问题的“世界”。此外，电脑必须站在提问者的立场上，从“世界模型”中导出在该地点左边右边都有什么建筑，还必须用对方能明白的词句进行说明。

因此，现今计算机的问答系统在“学习”新知识或“回答问题”时，电脑本身必须自我生成“世界模型”后才能完成。另外，我们也清楚了如果没有这种能力，即使对极其简单的提问，电脑也无法概括回答。

为了让电脑这种机器能进行“智能”问答，人们必须使其具备创造“世界模型”的能力。那么让有活力的孩子掌握鲜活的知识，发出生动的疑问，活力十足地回答问题，我们必须要让孩子学会掌握各种“创造世界”的能力。

四、认识的活动性和自我原因性

不只是孩子，所有人最关心的事都是与自己相关的。并且上文所述的“重新发问”和“创造世界模型”等内在活动的原动力，实际上也与对自己的认识有关。

关于习得性无助（learned helplessness）的心理学研究是指“自我形象”的假说形成，给外界的知识学习带来决定性影响，这一点是极为明确的。塞利格曼（美国心理学家，著名的学者和临床咨询与治疗专家，积极心理学的创始人之一，曾获美国应用与预防心理学会的荣誉奖章、终身成就奖）实验室中的狗被灌输了一种无论如何挣扎，也逃不过来自外界的没有任何预告的电击，即使关着的笼门已经敞开，也要选择放弃一切抵抗，惊恐地忍受一途。研究结果显示，塞利格曼的狗体会到了自己的无能为力，它已经丧失了学习活动中所有的自我原因性感觉。

每一个教室里都有“塞利格曼的狗”的影子。教室中所有活动的主导权在教师手里，或者在少数的成绩好的学生手里。其他学生能做的事，也许只是在回答教师提问时尽量有朝气地配合说：“是的，是的。”孩子即使跟不上课堂流程，也不会产生改变流程方向的情况。最终，孩子们和“塞利格曼的狗”一样，深信自己不可能给外界带来改变，只能接受被给予的东西。

自己也可能成为改变外界的原因，要想学会这一点首先必须要懂得用现实的眼光来看待自我可能性。很多学业不精的孩子都有一个特征，他们对自己的要求水准极低，或者反过来说，也有很多心理学家指出他们对自己的要求异常高。总之，学业不精的孩子对自己真正能胜任的事情不感兴趣。说他们对自己心怀恐惧、不敢正视自己也许更加贴切。当臼齿变成虫牙时，他们也害怕去看牙医，连自己对镜查看都觉得心情沉重，因此总是用其他事情来转移注意力，一种“虽然担心但不愿去深思的心情”在发挥着作用。

有时候接受“严格的特训”起到的效果，就好像一咬就疼的虫牙被牙医一下子拔掉后病人的恐惧感也随之消散一样。当我们将自己置于个人能力的极限状态之下，一旦看清了“能做到的事”和“做不到的事”的区别，就完全不会害怕正视自己了。

如果我们能确定真正适合自己的目标，心中自然会感到平静而闲适，也会自然地涌现出探求之心。明确教育目标是教育工会铁的法则，顺便补充一句，每一个学习者都应该强调“明确树立适合自己的目标”这一准则。

如果以了解自己的能力为快乐之源，那么就会涌现出面对困难、挑战困难的热情。如果懂得发现新自我的喜悦，那么就会扩大自己的可能性，在自己的某个方面画上一个未知的“X”。

我们要有勇气了解自己。但是始终要在自己的可能性上留下未知的“X”。这样一来，孩子在掌握了“自我交往”的手段后才能用同样的态度对待他人，并且会努力地用同样的态度来接触外面的世界。

害怕了解自己的人，也会害怕了解外面世界中的事实和真理。然而，不害怕正确了解自己、相信自身存在未知可能性“X”的人，在勇于探究外界的事实和真理的同时，也怀有对更真实的东西以及对未知的向往吧。

五、拥有多元的价值观

当学习外部事物的时候，我们经常强调保留未知的“X”的重要性，当然这并不是鼓励大家保持事物的不明确性。已经了解的事物始终都是明确的，但是我要提醒大家知晓现阶段了解的东西并不是事物的“全部”。

同样的道理，应该要求学生具备价值判断能力。我们不能将成绩作为唯一尺度来评价每一个孩子的价值,这是每一位教师必须谨记的。同时，我们应该对孩子提出“多元观察”的要求，并将它作为教育的重要目标，这一点以前不常被人提及。

试想一下，我们探求学问、掌握知识本来的目的也许就在于“绝不片面地看待事物”。“哲学”原本指的也是这个含义。我们无数次经历过这种情况，“乍一看应该如此，实际上换个看法就会完全不同”，我们就这样一步步变得“高明”。

然而，在现如今的应试体制下，孩子进行自我评价或评价他人时，会从“杰出”和“落后”二者中选择一个来判断。那么，一旦孩子养成这种只用“一元性”标准看待事物的习惯，真正意义上的学习之心就会完全冷却。他们会认为对已经了解的事情再次提出疑问完全没有必要。还会导致孩子们认为一个答案便解决了问题的全部。他们会认为世界上的一切事物只有“与自己有关”或“与自己无关”之分，对

“与自己无关”的事物他们会完全无视、轻蔑以对、弃之不顾。

“拥有多元的价值观”不是要节制所有的价值判断并时常保持中立。

不能将价值判断带入事实判断，在这种“借口”之下，应该不会有人把毫无感动一味强调事实的行为当作教育吧。与“真不错啊，真重要啊”这样的说法相比，直接的感动、大叫“这才是真实的！”才是最合适的吧。然而，我想让孩子们学习的是“有的事情拼命也要做好，有的事情可以无关紧要”，这才是寻找“真正价值”的生活方式。另外还有一点很重要，我们要知道乍一看不值一提的事物中有时也会隐藏着绝佳的感动源泉，但要认清乍一看“极好”或极受人们赞誉的事物中潜藏的“不足取”之处。

假设存在“和睦的教育”，那它也应该是“教导价值多元性”的教育吧。在各个国家的文化之中，我们能发现带有不同意义的优秀之处。但是仔细想想，敢于断言这是“为了和睦”这种行为本身就很奇妙。因为所有的教育都是在教导孩子们具备多元的价值观。

第七节　课堂上的学习能力（演讲）

一、受教育与学习

首先我们来谈谈受教育与学习的问题。我想用对“学力”的看法以及“学力”的概念引出要思考的问题。

一般来说，在考察学习能力时，我们认为这种能力是可以用一些测试测定出来的，它是一种“能正确回答出所给问题的能力”。但是，我们要重新思考，这种“能正确回答出所给问题的能力”确实是人类习得的能力吗？

◇不明白“问题”

在我们数十年的人生中，也许这样的情况并不多见——有人向我们提问，所提的问题也有正确答案，只是我们并不知道，需要自己找出正确答案。

这种情况在学校教育中较为常见。离开学校，我们一般是通过现实世界的经验进行学习的。或者，在对自己和周围的人来说答案不甚明了的情况下，我们经常要自己去寻找答案。

此时的“学习能力”，与所谓的“回答出所给问题的能力”迥然不同。也就是说我们未必明白“何谓问题”。完全不明白问题本身的含义是一种很普遍的情况，而明白“何谓问题”的能力就是一种“学力”或者说是“学习能力”。

◇不明白“学习的价值”

这个想法与通常所说的“学力”稍有差别，我给“学力”下了这样的定义：判断某个事物是否有学习价值或研究价值，直观感觉它非常重要或极有价值，包含这样的动机和学习热情进行学习的能力就是“学力”。实际上也有人认为这是一种十分有趣的能力。由此看来，拒绝回答有可能是由于问题没有意义，根据情况选择研究对象的能力也可以叫作“学习能力”吧。

◇不理解“意思”

我们在思考普通学校教育中的“学习”“学力”与日常生活中的“学习能力”的区别时发现，在这两者之外，例如在完全不了解的情况下寻找出某些意义的能力，在现实社会中是极为重要的。这种能力会预先在普通的学校课本和考试试题中清楚地表现出来。但是，在现实世界中，我们在读自己专业之外的极难的专业书时，在和自己不同领域的人交谈时，或在和其他专业的人对话时，有很多时候我们根本不明白对方在说什么，或许我今天的讲话对大家来说就属于这种情况。在现实生活的“学习能力”范围内，我们在不明白的情况下还能引出对事物的思考是非常重要的。在学校里，我们可以知道孩子们大体掌握了多少知识。在学校里难以理解的话题当然都是非教育性的。这些问题让我开始反省，学校教育中的“学习能力”和现实生活中的“学习能力”真的有关系吗？

真正意义的“学习能力”到底是什么呢？我们应该用更平常的“学习能力”的视点重新把握这个问题。

（一）“基础学力”的神话

1.顺序神话

我在标题中用了神话这个词，第一个神话我称之为顺序神话。它是指学习必须是在某些基础之上积累起来的。有一些十分基本的东西，我们必须先将这些基本的知识学会以后才能往下进行。为了继续进步，我们还必须要再学习一些知识。按这种形式进行下去，学习就具有了如同攀登台阶一样的顺序。这是一种设想好顺序的思维方式。

然而，在现实世界中，我们在学习知识时实际上是没有这样的顺序的。有时会突然进入到非常高深的话题中，有时也会提及完全不同领域的话题，不一定有固定顺序。

那么，知识到底存在这样的顺序吗？我们站在纯粹知识论的立场上观察后发现，知识论的成果中认为“事物—事情的知识之中不存在顺序”的观点非常明确。

例如，欧几里得几何学一看就是由体系化、顺序化的知识构成的理论体系。在欧几里得几何学中，几个公理组成了定理，定理再组合成为更高级的定理。因此，要学会一个更高级的定理就必须先学会它之前的定理。学习再前面的某些知识时，回到根源上就变成了公理。或者回到了事物的定义（definition）之上吧。

但是，这都是数学的记述方式，数学体系的表达就是如此构成的。从认识的角度看，最基础的概念已经无法定义了，它是由那些只能粗略理解的概念构成的。

最原始意义上的基础首先是存在的，将它组合后就形成了世界上的一切知识吗？我们提出这个问题之后，发现事实并非如此。

例如，一般人都认为线段这个概念是最基础的，而且也了解线段是什么。线段可以被定义为直线上任意两点间的部分。那么，如果问什么是直线的话，可能有些人就不明白了。

此外，线是点的轨迹，如果问点是什么，两个定义之间就不存在以哪个为基础更好的原始的问题。不仅如此，直线这个概念也可以定义为无限大的圆弧，此外还有许多定义方式。

另外，我们可以将平行线定义为互不相交的两条直线，或者可以定义为在无限远处相交的两条直线。将平行线定义为在无限远处相交，或将直线定义为无限大的圆弧，用类似这样的方式来给线段、直线、平行线等下定义的做法，不是定义的问题，而是我们理解方式的问题。

2.知识有“程序性”吗

采用这种理解方式，我们明白了非欧几里得几何学和欧几里得几何学之间存在着出乎意料的连续性，思考知识本身以什么为基础，由什么形成，实际上就表现了人们对知识的理解过程。

关于解答程序我在后文中还会详述（见“二、学习‘解答程序’的能力”），知识分为程序性知识和概念性知识两类。程序指的是次序，先做完了什么事才能再做什么事。知识有着顺序性，因此在证明定理的时候，应该先用公理导入，再利用导入的内容来应用其他知识，这就是程序性知识。

程序性知识确实包含一种顺序，在观察整个知识系统时，按顺序构成的知识占绝大部分。大部分最原始的疑问都成了最复杂的问题。无论数学、哲学、社会学、经济学都是这样的。在经济学中货币是什么,效用是什么等人们公认的最基础的问题已经变成了最复杂的问题。

由此，我们认为知识包含一种顺序的想法，反映出了知识具有程序性的观点。

3.客观性神话

第二个神话就是客观性神话。

我们一般认为,知识是脱离具体事物的、一般的、普遍的理论体系。

我们认为具体事物或经验性事物并不是本来的知识。将它们抽象化、结构化、关系化，并用理论体系归纳之后才成为知识。人们一般认为经过这种形式上的归纳后得出的事物才是客观的。

这样的认识过程就是学问，是研究。人们一般认为对孩子而言靠近这些知识才是一般的知识学习。

具体到课堂之上，孩子们提出自己的各种经验、自己的理解和假设时，教师将孩子的发言写在黑板上是形式化的表现，不自觉地就造成了这种情况。发言中鲜活的实际感觉应该不是原本就存在的，我认为原本是脱离鲜活的实感和个别的经验而存在的，是以某种形式表现出来的一种抽象体系。我们在面对课业时大都怀有这样的想法。

从具体事物到抽象事物的过渡就是知识，一般认为这是有顺序地研究抽象体系的方式。

但是，最近的知识论、认识论中很少采用这种方式。例如，计算公式被人们称为形式上的东西。另外，在统计学的专业领域中，数据总和有“西格玛”或“矢量”等表记法。即便内容相同，我们也很难读懂不同流派立场的书籍。还有以前对记述统计等统计学书籍的表记法，和最近的采用线性代数、集合论的统计法，二者在表记方式上完全不同。

我们一直相信形式表达，但仔细想想，实际上我们是站在各种习惯和惯例之上认识事物的,这种习惯是用个别的记号无法一语概括的。

例如，x 和 y 一般用来表示变量，而 a 和 b 一般表示常数，这对我们来说是常识。x，y，a，b 一般按字母顺序书写，像后缀一样小写的话又表示什么意思呢？我们由经验而得出与此类似的细致入微的了解、惯例、习惯造就了一种生活，在这种生活中我们开始理解数学和统计。

虽说我们理解这些内容，但理解的内容本身绝对不是形式上的东西，可以说是一个全新的概念。我们习惯使用“形式”这个词，因此，这个词必然有着常规的表达方式。在此基础上我们才会明白它的意思。

4.用“具体性”理解

乍一看，数学家一般进行非常形式化的推论，但实际他们和在幼儿园玩耍的小朋友一样，只对自己身边的、眼前能用到的话题进行讨论。如此一想，这好像是一种常规。真正的认识和理解等实际感觉的根源绝对不是抽象的，我认为我们是带着具体性来理解个别事例的。

那么，只能靠传授或展示具体事物才能掌握学习技能和知识吗？我认为不是这样。关于这一点，在后文中我想谈谈普遍性、法则性、客观知识习得等问题。在此我必须指出的、极为重要的一点：知识体系绝不是靠理论的、抽象的结构创造出来的。

5.考试中心主义

第三个神话是如同智力测试一样的考试中心主义。

在学校教育下思考学习能力和知识的问题时，一定会想到考试。我只是觉得考试来得太轻易，参加考试也太过轻易。

一般说到学力和学习能力，本来是需要经过长期培养的，它是对事物持续质疑、发现新的问题、进入与自己不同的专业领域进行探索并能得到必要知识的一种能力。这些都不会体现在考试中。我们比较容易陷入以考试来定义学习能力的误区。

6.不是“学了多少”而是“能学会多少”

我们在提到培养学习能力时，有人会出现为了考试而学习的想法。我认为如何改变这种想法是一个需要研究的问题。

对此，我主张学习能力的基础必须是学习这种行为本身的基础，而不能说考试结果代表学习能力。

学习能力终究还是意味着今后能学会的知识有多少，而不是学到的知识的数量是多少。

于是，在思考自己的学习能力从何而生时，我认为基本的知识观、对学习的认识、对知识是什么的认识，才是本来的学习能力和学力。

7.“不学习者”的三种类型

我曾经出版过一本名为《学习的结构》的书，并在开篇就列举了不爱学习者的几种类型。第一种人是提不起学习热情、浑浑噩噩的“缺少学习精力型”。第二种人是只把留的作业当成工作完成的“工作型”，他们将自己从意义、价值形成、思考等活动中割裂出来，力图尽早发现干什么最好，并致力于这样做。第三种人是“方法型”，他们非常有实干能力，在实践中会将所有事物还原为技术性问题。

他们总在想“怎么做好呢”“怎么做就好了”，认为发生问题就意味着失败了。他们会反省“当时这样做就好了”，但不会反省事情本身到底是怎么回事。我认为这就是从根本上妨碍学习能力形成的重要原因。

8.什么是“不会学习的人”

前面提到的三种类型的人的共同点：在学校里把上课当成工作，把学习也当成工作。另外，我也指出了，学生将学习当成工作理解的“工作型学习观”是非常成问题的。这与权威主义有关，即知识由谁来决定，将决定的内容复制到自己头脑中就是学习，这是一种不考虑“知识自我生成”的知识观。我也批判过这种有关知识的工作型思考方式和权威主义思考方式。

还要指出的是方法性的思考方式。这里所说的方法是认为“无论什么事到最后都归结为如何做的问题”的思考方式。

例如，道德和善恶的问题到最后我们都可以认为是对待事物的问题。因此，我们一般都有如下倾向，如对待学习态度不端，想方设法改进态度，只注重行为举止等。我觉得将学习作为礼仪或行为上的问题理解的想法，已经深入到了日本人的学习观、知识观之中。我们感觉到了一种危险，即这种想法在某种意义上妨碍了真正的学习能力的形成。

（二）所谓真正的“基础”

1.表达

真正的学习能力是什么呢？让我们从自身的学习方式来思考一下吧。

下面我举出几个例证，排在第一位的是“表达”。

表达并不是用语言表现的意思。关于“提到的东西或想学习的东西到底是什么”这一问题，用绘画或用图像，或用其他某种方式将其表现出来就是表达。我认为这是一种能力。我一直尝试涉猎各种不同的学问，经常会用自己的语言来表述某个领域所说的某个事物到底是什么，并用自己的想法来表达它。有时会使用表格，有时会使用工具，还有其他很多手段。我有多样化表达的愿望，也曾多次尝试改变表达方式会带来何种效果。我觉得这种表达训练实际上就是学习动力的基础。

2.必要条件、充分条件的思考

排在第二位的是必要条件和充分条件。

如同数学题一样，简单说是某个事物能否用其他事物表达，能否由其他事物引出的问题，也就是经常留心什么能说，什么不能说。

特别是我们经常会思考（说起来是非常简单的），这个观点反过来是否成立，有无其他需要考虑的因素等问题。我们在学习知识时也经常如此思考，很多时候会以这种方式来了解至今未触及过的世界，并发现其中的矛盾。我觉得通过对今天话题的思考就能得到很多东西。

确实可以这样说吗？还有其他应该考虑的因素吗？相反的情况是否正确呢？类似这些思考在学校教育中并不多见。当然也许在数学中会进行类似的思考，但让我深感意外的是似乎并没有进行。人们在考虑理科实验中的事实时，类似“原本有这种观点吗？”的想法也只是一语带过，突然出现了一个法则才会被当作疑问来思考。我们很多时候是在强行地讨论一些不应该被提及的东西。

3.“突然觉得有疑问”

例如，如果有最小公倍数和最大公约数的概念，那么为什么没有最大公倍数和最小公约数呢？孩子忽然产生的疑问在课堂上是经常被忽视的。

在日本的学校里只能思考传授给你的内容，因为有这种默认的前提存在，不会再有人思考突然产生的疑问。

但是，我们在现实世界中思考时，突然产生的疑问是很重要的，例如“因为有了这种说法，那种说法才成立吧”或“不能这样说吧”，正是这些思考激发了人们的研究之心。

在算术中，有一道题是给出三角形三条边的长度后确定一个三角形。于是，有的孩子会想：这种说法真的成立吗？真的能用三条边构成一个三角形吗？实际上人们在画三角形时，用 5 厘米、15 厘米、3 厘米的三边是不能构成三角形的。当他们发现这样不能构成三角形时，才会想起这一事实默认的前提是“三角形两边之和大于第三边”。

这时就有了突然产生疑问的契机。正是这些教会了我们研究的乐趣。

不仅是数学，其他科目如社会学也会有相同的情况发生。以美国独立战争为例，波士顿倾茶事件发生于 1773 年，它是美国独立战争的导火索。我通过查阅当时的数据资料发现，参加独立战争的人数与英国军队的参军人数相比，英国军人的数量占据压倒性优势。那么这场没有胜利希望的战争为什么还要开始呢？于是就产生了这样一个疑问，对于我们很容易就学会的事实是不应该这样说的。“为什么会这样说呢”“为什么会发生这样的事呢”诸如此类的怀疑是伴随着一种连续性、必然性的训练而产生的，能完成这样的训练才会产生疑问。

然而，当自己对被给予的话题或固定的话题持有疑问时，学生会认为或许是自己听漏了什么。在这样的气氛中上课的话，学生就会对提出内心疑问而变得犹豫不决。就是这种做法让学生们丧失了学习能力。

4.“自我观念”的觉醒

排在第三位的是自我观念的觉醒。

这一点也是对其他社会学科表述中必要的一种观点的记述。“这种观点是城镇居民的观点还是当政者的观点”，“自己的观点应该置于何处”等，这些自我认识在各个方面都是极其重要的。

学习日语时也是一样的，学习算术时由于不清楚自己的观点有时也会导致完全不懂问题的意思。

有几个苹果，有几个梨之类的问题，到底想了解什么呢？又为什么有知道它的必要呢？诸如此类的自我问题意识，即“现在在何角度关注何物”之类的观念学生还没有明显地觉醒，而这些文字罗列成的描述进入到了学生的脑海之中。

此时，向学生询问“你该怎么做呢？”他理解问题的见解、态度、感觉就会一下子发生转变。他的头脑中就会思考如果自己处在当时状况中该如何做，那么与以往完全不同的理解方式也会应运而生。

例如，小A有8个玻璃球，小B有4个玻璃球。当我们向学生提出“如果让小A和小B两人的玻璃球数量一样，那谁应该给谁几个玻璃球呢？”的问题时，学生好像大致知道答案，但实际上并不明白到底是怎么回事。这时，教师看着教科书上的题目在黑板上画了条线段，然后在相差的地方分出一半。学生不明白玻璃球的数量为什么能用线段表示，也不明白为什么要用减法减掉差额。最终，他们还是什么也不明白。

这样的情况下我一般会向他们提问：“你该怎么做呢？”然后，让他们将自己口袋里的玻璃球和小A的玻璃球放到一起，再给两人各分一半。我让学生用自己的方式思考问题，经过这样的尝试之后，他们才明白到底是怎么回事。

如果剥夺了他们“自己该怎么做”的独立性，和他们坚持思考问题的意识，那么也只能教给他们“这种情况下该这样做”。这就使他们丧失了本来的学习能力。

5.改变观点

观点明确、清晰是很重要的，也可以说观点不是固定存在的。

如果让学生固执己见，有可能会导致他们越来越顽固地坚持自己的观点。观点变得明确，实际上就是知道了观点是相对的。

看法改变了则看到的事物也会改变，但是事实是不会改变的。我的意思并不是说不认同“观点是相对的，事实是绝对的”这种说法。如果在课堂上过多地让孩子们为自己的立场辩护，他们就会越发地固执己见。

举个例子，我在观摩某个中学的课程时，有一道题是一次函数 $y=ax+b$，问 x 和 y 的关系是成比例的，还是不成比例的。教师让学生们自己思考，用 $y=2x+10$ 的关系来表示弹簧的重量和伸缩长度。孩子们回答“因为里面有‘+10’，所以是不成比例的”。

教师想教给学生成比例的部分（“伸长的部分”）、比例概念的扩展、移动坐标轴可以形成比例关系等内容。因此，强调这些内容的同时，教师故意说：“我认为是成比例的，你们怎么看？”孩子们对照教科书和参考书上的定义后主张并坚持说应该是不成比例的。

教师越是努力想将这个概念推翻，孩子们越是固执地坚信既然有“+10”那么算式就不成比例，他们举出了反证的例子，将很多数值代入 x 和 y，发现比例不是固定的，于是他们越发地坚信自己的立场，课堂完全向着和教师预期相反的方向发展。

这种观念意识是很好的，但如果不考虑观点的相对性、着眼点、思维方式和结果，而无意识地改变自己的观点，任意主张自己的观点，那么就会出现谬误。

我们有必要学会上述几点内容，并将它们作为基础牢记于心。

二、学习“解答程序”的能力

（一）认识“解答程序”

学习解答程序的能力就是在解题方式和回答方式上有个人意识，这对掌握知识也是至关重要的。

当拿到一个具体问题时，有的学生会凭感觉做出解答，特别是低年级学生常有这种行为。他们凭感觉认为自己会做。例如，“小 A 有 7 块糖，小 B 有 4 块糖，哪一个人的糖多？多的人比少的人多了多少块糖？”给出这个问题后，大部分孩子都知道答案。但是，他们不知道为什么会这样。

他们自己掰手指就能算出答案，是经过减法计算得出的答案，此时的减法步骤实际上是求二者之差额。但是，如果问“小 A 有 7 块糖，吃掉了其中 4 块，还剩几块？”时，让他们用相同的程序计算差额，他们却出乎意料地不会解答。因此，实际上学生们应该要学习一下解答程序。

同样的程序可以应用于不同的领域，这是一种对解答程序的学习。教师对学生说：“这个问题就要这样做！”这就不是本来意义上的学习解答程序了。

所谓认识到程序，是指能认识到一种解答程序可以应用于完全不同的领域。这样做没有脱离其本来的意义，但多数情况都是将解答程序只当作是一种过程。

例如，证明各种定理时，在这个阶段会使用到这个或那个定理。我们一边回忆公理和定理一边解题，出乎意料的是，我们在构思中是如何想到、记起、应用定理和公理的，这种解答程序背后存在的构思过程，我们自己经常是认识不到的。

至今有很多关于“认识解答程序背后存在的构思过程”的研究，如波利亚的《怎样解题》。通过这些方法我们可以认识到发现事物、构思思维的程序。在观察学校中的授课状况后，我认为学生对知识和解答程序的真正意义的认识还很浅薄。

（二）“解答程序”的改善

此外，也有改善解答程序的手段。

在做了很多尝试后仍觉得不尽如人意之时，应该用什么解答程序来修正，又如何进行修正呢？对这类问题的研究不胜枚举。

在心理学研究中，程序认知最大的要点就是要意识到“在某种目的下的必要行为和必要手段”。总而言之，事物是有程序的，程序认知是极为重要的。

例如，在制作一个箱子时，我们可以立即想出多种步骤。此时，我们自己会意识到每一个步骤，如制作顺序，在某种目的下的必要行为，以及采取的必要手段等。这些意识蕴含在各种各样的学习内容之中。

我认为这些意识行为是可以自我学习、自我训练的。通常人们会认为修正程序是非常困难的，但实际上也并非难事。

例如，自己想出一个新的目标，为了实现这一目标必须如何做，或者具备找到第二目标的能力，按照第二目标要完成哪些活动。当进展不顺时能认识到自己陷入僵局，或者我们在无意识中活用某些简单的程序来解决问题。如果我们能够更多地意识到这些行为，那么结果就会发生很大改变。

在学校教育中，教师总是主动地进行准备工作，并且只把准备工作最后的结果展现在学生眼前。因此，准备程序中真正需要自己下功夫，需要自己发现的最精华的部分大多都被教师获得了。

例如，我曾经观摩过日语阅读课程，授课程序是学生先读课文，然后教师提出各种问题。教师准备的问题有：主人公为什么这样做？事情如何进展？此时有什么样的感想？等。学生们只是围绕着教师的问题进行回答而已。

但最重要的应该是让学生以什么样的顺序来体会什么样的事态，应该是理解文章，把握句子大意时采用的基本策略。教师掌控着这种认知程序，学生们实际上是在教师准备好的程序引导下进行学习的。

然而，我们在读一本新书，或听到不同的观点时，会产生各种各样的疑问。如果没有学会，没有掌握对某种事物产生疑问的顺序，那么我们就不会了解事物本身。

在认知心理学领域，有很多人对“阅读理解的程序”进行过各种各样的建议，曾有人认为故事中也蕴含着一种语法。

就是说，有一些必须经过解读的语法。它不是指主语、谓语之类的，而是以事态变化的观点来把握文章梗概，之后再用与解读语法相同的步骤对故事、句子进行解读。近来已经出现过这类研究。

在这种程序认知中认识本身是很重要的，它的重点并不是让对方按程序做事。

我在观摩课程时深感意外的是，教师让学生回答问题，让学生跟着自己的思路走，但是教师对自己的想法和授课顺序完全没有自我意识，特别是为什么觉得这种顺序好，为什么提出这些问题等等的程序意识或认识。

（三）“程序”学习能力的本源

一年级的小学生对“小 A 有 7 块糖，小 B 有 4 块糖，谁比谁多了几块糖？”这个问题马上能做出解答。但是，他们并不清楚为什么会得到这样的答案。在教师的课堂上也会有类似的现象。例如，学生们不知道自己为什么会对某些事情提出疑问。他们只是想提出问题，但自己并没有意识到问题叠加后就能看清事物整体的原因。有时课程就是在学生们这种无意识的状态中进行下去的。

从这种现象来思考，我觉得如果能够自觉地使用解答程序，那么教师自身就能够认识并理解事物，也能掌握解答程序。这就是“程序”学习能力的本源，也是我前面提到的“学习能力”的重要作用。

三、对内涵的理解

下面我们来谈谈与“解答程序”相反的另一种认识。

上文提到的解答程序与内涵的区别是什么呢？所谓内涵并不是只有一个答案，而是有无限个答案。解答程序虽然也包括很多步骤，但最终决定这一程序正确与否的是能否得出正确答案。因此，无法得出正确答案的解答程序就是错误的。只有能得到正确答案的解答程序才是妥当的。

（一）“果然如此”的感觉

然而，领会内涵却与解答程序完全不同，现今存在着对事物内涵的多种理解方式。它是一种更深入、更广泛的研究，有着深度和广度。思考如何把握事物内涵时，我认为是不能脱离真实性的。

解答程序是与有效的概念相关联的，它与有效的、确实有助益的、确实能引导出正确答案的有效性感觉密切相关。但内涵是一种“果然如此”的感觉。就是一种“原来真的是这样啊”的真实体会。怎样才能让学生感受这种诚然、果然如此、真是这样的真实体会呢？或者能让他们意识到世界上有理所当然的事物，也有很多本身不甚明了的事物。

（二）“程序”和“顺序”

小学低年级的课程中经常强调理解的重要性，但到了高年级重视的不再是理解，而是如何得到答案，重视的不是解答程序而是顺序。顺序和解答程序很相似，我们可以将二者分开来考虑。

所谓顺序是盲目的，就像眼睛不好的人即使睁开眼睛也只能按照指定的顺序去做一样。解答程序是经过有效性体会的。从这点来看，我将解答程序和顺序区别对待。到了高年级，学校授课经常越过解答程序或不经过解答程序，完全沦为了顺序教学。

在这样的教学中，不会重视“诚然”“确实如此”之类的体会。即便有这些体会，答案也完全是遵从一定顺序而得出的。

（三）“比例系数？”

前一段时间我观摩了某中学的数学课，在讲授一次函数 y=ax+b 中的 a 时教师称它为比例系数。之后教师向学生提出了“比例系数是什么”这一问题。

于是，孩子们动作一致地开始翻查课本。他们一边翻书一边找教师的问题写在哪里，并将书中写的内容当作答案。教师仿佛在催促学生回答一般，提醒他们上周的课上讲过比例系数。于是孩子们又急急忙忙地开始翻看笔记。

但是，如果是我来教授比例系数的话，我会让学生先思考在什么情况下会应用到比例系数。例如在加速度概念中速度为比例系数，各种成长率的计算也要用到比例系数。在很多场合都会用到比例系数。让学生思考类似的问题，我认为才是真正思考问题的内涵。

现在的教学经常不以获得内涵为目的，而只关心比例系数写在了哪里。教师也有意地引导学生一点点地进行回答，他们会采用"将x变量置于分母的位置，那分子是什么呢？"的教授方式。学生们会逐渐养成按照一定顺序进行回答的习惯。大家觉得记得正确顺序的人就能做出正确答案，而不记得正确顺序的人就是学习不努力的人。

然而，从我所说的内涵的观点来看，如何描述速度或成长率的比例系数，或天气渐渐变热变冷，或者天气急剧变冷的变化的情况等，都应该自己来思考。在思考x变化之后y如何变化时，不是找到它在书中写在哪里就可以，而是要回到问题的原点进行思索才能得到答案。

只有依据算式中表现出的内容才能意识到问题的内涵。我们现在的教学中，都忘记了问题的内涵，大多时候只重视让学生按一定顺序回答问题，教师按一定顺序展开教学。大多课程都没有经过"确实如此""真是这样"的实际体验，并且扼杀了产生这些真实感受的全部时间和机会。现在这样的情况还是时有发生。

（四）真实性的实际感受

从这个观点来看，让学生自己追寻真实性，以及"果然是这么回事"的实际感受是极为重要的。这才是真正的学习技能和学习能力，当然也会演变为一种自学能力。

翻看笔记找寻问题的答案，知道这个问题存在于自己学过的知识中，知道它大概写在哪里，这些都是无可厚非的。但是，我们必须去图书馆查阅资料，或对某事物产生疑问之时，首先必须弄清楚的是这个问题的内涵是什么。如果对问题本身缺乏兴趣和关注，研究也就无法进行下去。

能找到答案的技能只不过是一种微不足道的技能。这就意味着，我们必须要将自我领会事物内涵的能力重新带回到课堂之上。

（五）从“内涵”发现认知程序

有很多人认为，让学生思考问题的内涵会妨碍授课的效率，但我认为实际未必如此。

例如在植树问题中，每隔1.5米种一棵树，一共种25棵树，求从第一棵树到最后一棵树的距离全长，这样的题该如何解答呢？我们的课堂上经常让学生们回忆公式。学生们在算出答案之前经常列举各种实例，进行实验，或用图画来解题。在教师总结答案时，他们会把形式上的计算程序展现出来。

然而，我在做关于植树问题时掰着自己的手指头来计算，树一共有1，2，3，4，5棵，中间有1，2，3，4个间隔。是的，树的数量减去1之后就可以得出间隔的数量，只有这样用自己的眼睛观察才能知悉问题的内涵。如果是做圆形题目，那就把手合拢成圆形，树的数量和间隔的数量是相同的。这不是公式的问题。教师将各种形式化的公式和解题方法灌输给学生，让他们也变得形式化，让他们背下来并使用这些公式。

但最重要的是让学生拥有实实在在的感受。这有助于记忆公式，绝不是走弯路。

此外，关于发现并理解问题内涵的策略，我将提出自己的几个见解，其中之一是在一定结构下的理解。

1.结构下的理解

（1）结构

例如，我们在写作文章时要遵循起、承、转、合的结构，它不仅仅是形式上的结构，在进行写作时一开始就把握住这个整体的知识梗概，理解方式就会发生极大改变。无论站在何种立场上，都要理解那个时代、那个阶段的构思和思维方式的前提情况，这有助于探求问题的内涵。

在这个意义上，最近的认知心理学中，“结构”成为很重要的课题。关于这一点，现在无法详述，但是我们可以了解的是，理解结构已经出现在人们的认识之中。

因此，孩子并不是一张白纸，而是在用自己的思维模式理解事物。我们不理解他们的思维模式，总是无意地将自己的思维模式强加给他们，但是孩子在理解事物时只能用自己的模式才能做到。

理解的结构最终也是有着某种模式的，应该以与该结构相契合的形式来理解事物。这不是理解的策略，而是理解本身。理解实际上拥有一定模式，又能嵌入一定模式，这才是理解的根源所在。

当然，改变模式结构也是有必要的，从某种意义上说教育就是在改变模式结构。在自己改变自己的结构、自己思考学习能力之时，如何改变模式结构是极为重要的问题，我将其称为对话。

（2）对话

事实上，提出“对话是改变结构的最大力量”的人是苏格拉底。苏格拉底大力强调以对话方式为中心改变模式结构，并且将这种观点付诸实践。我们在思考对话形式在课堂上是否被有效利用的时候虽然发表过一些意见，但意想不到的是通过对话形式来修正、变更模式结构的后续研究并不盛行。

虽然已经出现了各种各样的观点，但几乎没有不同意见之间的碰撞。相互之间的差异、背后的视点，或者产生的理论矛盾等，这类的对话出乎意料得稀少。

如果我们试图真正理解内涵的话，脑海中就要出现各种结构。如果不能实现心中的内在对话，就不能发现和探求事物的内涵。

在这种结构下思考就会产生这样的结果，在其他结构下思考会产生别的结果。如果头脑中没有出现这种追根到底的想法，那么也就无法达到真正意义上的理解。即使能达成与本来熟知的自我结构相适应的理解方式，也无法实现新的发现。

（3）内在对话和外在对话

那么，内在对话和外在对话又有什么关系呢?

在思考外在对话是否会逐渐发展为内在对话这一观点时，我认为内在对话和外在对话实际上是同时发展的。就是说，我们能够顺利地进行对话实际是由于站在了他人的立场之上。此外，因为我们站在了他人立场之上才得以与别人对话，通过与人对话使别人了解自己，各种各样的观点和结构也随之产生。

因此，内在对话和外在对话实际是相辅相成、同时发展的。

我有意图地不在教学现场使用这样的方法。在教学时即使进行单纯的交谈、对话也会产生意见分歧。此时，为了使论点一致，必须在学校教育场合中对各类注意事项进行训练。

（4）真实性意向

从过去的知识论角度来观察这一点，由对话获得的内容中包括柏拉图关于知识的对话录，我们回到它的根本来看，表明各自的信念和信仰、对真实的价值观的理解、自我关注各种事物，以及引出事物的真实性都是极为重要的，我们应该表达出自己的真实想法。觉得自己对某事有所耳闻、有所了解，或认为语言就是这样表现的，只重视这些形式是无法加深对对话的认识的。

（5）根据性意向

将它叫作理由也好，根据也好，下面我们就来谈谈根据性。

提到根据一词，是否可以这样解释，这样解释又是否充分呢？或者反之是否成立呢？在领会了其他问题是否可以用同样的方法来描述之后，再来讨论这些问题是很重要的。在讨论和对话之中，关于这些问题的对话才真正开始。我们关心的问题不是杂乱无章地发表意见，而是相互默契地进行对话。

关于对话和认识的讨论是没有终点的，因此暂且搁置。我认为所谓认识，实际上就是内在对话。

也就是说，人们在读到或听到某些内容时，自己心中会产生疑问："哎？很奇怪啊，这样的内容让人无法置信啊！"自己心中会产生"还是应该那样理解吧"的对话。此时，我们就实现了认识的提升。

2.从事物脉络来理解

（1）替换为自己的脉络

关于理解事物脉络的问题，我们应该试着重新思考将形式上的内容替换为自己的脉络究竟有何意义。

例如，在试图理解美国独立战争时，我们可以把有关战争的话题都放在一起来考虑，我们思考它们之间的不同点和相似点，在创造自己的脉络的基础上理解各种问题。转换上下文重新理解，就是理解事物的脉络。

（2）思考实例

关于这个观点，我在《学习者角度的授课研究》一文中，讨论了关于意义发现、创造事物脉络进行理解的重要性等极有难度的理论问题，并在文中提到通过列举实例才能理解内容。

应用实例进行研究的方式在认知心理学中被称为实证（实例化instantiation），是指要创造出实例的意思。实证（关于这个观点的研究在当时极为盛行）的理解方式与结构性的理解方式或形式上的理解方式是完全相反的。

因此，我觉得知识就像桶装的方便面一样（我这种说法也许有些莫名其妙），在食用的时候要向桶中加入热水。与此相似，知识就是一些庞杂的源于经验的东西，是将这些源自经验的东西抽象化、形式化、固定化后才产生的。

然而，我们在理解知识的时候，应该通过再次创造实例的方式进行。我们在理解“事物是什么”，“在一定的脉络中会如何变化”等问题的时候，要用倒热水一样的方式将其实例化。再次创造实例实质上就是要让我们能够极其自然地辨别出哪些是事物的本质，哪些不是事物的本质。

例如，我们在证明几何定理时，会大致描画出一个三角形。用这个个别的三角形为什么就能证明该定理呢？这个问题说起来确实有点不可思议。但是，我们在观察一个三角形时，会意识到它只不过是一个例子而已，不需要更清楚地解释，三角形的边更长一点也可以，再短一点也没关系，但是等腰三角形其中有两条边必须是等长的。

由此可见，所谓的实例绝不是单纯的例子，它是某种可能性的延伸。在我的书中提到过 “形象化的知识和学习”，我将它称为可能性连续体。就是说，在某种变形过程中存在着一定的可能性，即使经过变形也不会丧失其本质，某些实例会在其中占据一定位置，这样我们才能认识到例子的存在。

从这个观点来看，所谓实例在何种意义上才可以称为实例呢？思考这个问题是我们创造众多其他实例的基础。我们在创造实例的同时，才逐渐明白“原来是这样啊”。

3.通过模型理解

这一点指的是将自己十分熟悉的某一领域完全套用在其他领域中，将十分了解的模型完全应用于其他领域。也就是将不明白的内容置换为熟知的内容。“比喻”和“类比”就属于这种情况。

适用自己身边的例子人们会马上明白，并发出“原来如此”的感叹，但是用形式化的知识表述的话人们又彻底糊涂了，这样的情况经常出现。因此，在课堂上常有十分困难地进行愚蠢行为的情况发生。下面，我们来讨论一下视点的转移。

4.转移视点

我们先来思考一个极端的例子。

有人在课上做过岩石透光的实验。最开始大家都不认为岩石能透光，但是，将岩石逐渐打薄会怎样呢？稍加打薄之后岩石仍然透不过光线。我们可以尝试将岩石打得更薄一些。例如有岩石标本、岩石的显微镜照片、结晶等。一般认为打薄到这种程度的岩石就可以透光了。

接下来，我们尝试增加岩石的厚度，但要相应地调亮在岩石下面照明的光源。随着岩石厚度的增加，光源亮度也持续加强，即使是有相当厚度的岩石也可以透过光线。我们在调查是否存在这种强光时发现了激光。因此，现在我们观察用激光投射到的岩石照片就可以明白这个道理。

5.思考极端例子

此外，在平衡问题中，逐渐改变重量使其达到极端的时候会发生什么变化呢？我们尝试转移自己的视点，确认用什么视点能观察到什么现象，再逐渐返回最开始的阶段。如此一来，在这个阶段应该观察到的东西就会重新显现出来。

理解事物意义的方法是多种多样的。我认为在教学中重视理解行为、勇于探寻意义的课程应该多多益善。

探寻意义就是要导出公式，导出公式后还要会使用公式。这就如同大家冲泡桶装方便面的过程一样。课堂教学就像不加热水吃方便面一样。在探寻阶段，我们应该回到柔和温暖、鲜明生动的实例中，并将自己置身其中来探寻真实性，理解行为就是由此而产生的。

在此，我必须要提醒大家注意动机的形成。

四、真正的学习动机

（一）强烈“动机”和含蓄“动机”

我们在思考动机的形成时，有时会将动机的形成认为是健康、活泼的外在动作行为表现出来的富有活力的活动。

但是，在研究认识的作用时，我必须要指出实际上还存在着一种完全不浮于表面的、含蓄的“动机”。

那么这种含蓄的动机在我们心中到底是什么呢？

它的形成就是我刚才提到过的在我们头脑中有组织地、有活动性地进行领会的行为。领会行为不一定会通过外在动作表现出来。学生自己在认真思考意义、领会意义时，虽然没有表现出表面的活动姿态，但本人其实已经全力以赴了。

那么，内在意义上的动机形成又是如何产生的呢？最近也有人做了一些关于内在动机形成的研究。

1.对“理解”的了解＝元认知

内在动机形成最主要的是了解自己“是否理解事物”，我们一般将它称为元认知。成绩较差、缺乏学习积极性的孩子，和内心拥有学习热情的孩子之间的区别在于，有学习积极性的孩子在学习时会反复确认自己理解了什么知识，理解到了何种程度。

例如，我的女儿在小学二年级时学习了九九乘法表，我当时让她背诵第三行的乘法口诀，并且告诉她我一会儿要提问，她觉得背下来了就来找我。她在一边又写又念地学了20分钟，一直不过来找我，我就告诉她背得差不多就行了。结果背到“三四十二”她就开始渐渐不太有把握了，背到“三八二十四”时基本没有自信了，但其他几个背得还是很准确的，也是比较仔细的。

最开始我还不太相信，又问了她几个问题，大概四五个问题会错一两次。她自己说已经按顺序背下来了。但是当我打乱顺序向她提问时，她回答不上来的是从“三六”开始的口诀，特别是“三六”到“三八”。我对她说再把这几个弄清楚就可以了，过了一会儿她说没问题了，我再提问时她果然都答对了。

此外，我也让其他同年龄段的孩子做过类似的尝试。我让一个孩子背诵汉字，他只写了一遍就对我说：“可以考我了。”这个孩子说必须得考一下才能知道汉字背没背下来。我问他：“有信心吗？”他回答试试才知道。测试前我问他估计能得多少分，他说他不知道，因为是教师出的题目。这个孩子对自己掌握了多少知识完全没有概念。

2.提升自我认识

最近也有人提出了内在动机形成理论。

一般提到动机形成，大家都会觉得这是一个让人兴奋、值得讨论的话题吧。但是，最近我明白了所谓自我认识就是自己用什么方式理解，提升自我认识就是形成内在动机。我们要自觉提升自我认识；要清楚自己了解了什么，了解到何种程度。例如我们知道自己有什么疑问，对什么不理解，或者听了各种各样的解说还是不明白等。

那么，抱有“自己来做会是什么样呢”这种想法来聆听他人的意见或理解事物的态度，就是一种含蓄的“动机”。这种态度是从下面要讨论的“自我归因意识”开始的。

（二）自我归因意识

能够实际感知到自己的所言所行将成为影响周围环境的主因，是很重要的。

没有这种感知就不会以亲身尝试的态度去看待事物。即使想理解事物也理解不了。无论做什么事都是被动的，即使上课听教师讲课也是浑浑噩噩地应付了事。与此相反，那些能实际感知到自我归因的孩子会主动举手，并积极听取教师的意见。

因此，在班级里成绩优异的孩子总是给人活泼向上的感觉。相反，那些缺乏自主性的孩子无法想象自己可能成为改变世界的力量。即使有不懂的，他们也不会当成问题来关心。最重要的是让他们认识到自己也具有能成为某种原因的可能性。

例如，在大多数课堂上教师都会评出精彩的发言，但是不会将“这个孩子的发言”作为数据保存下来。然而从孩子的角度来看，他会强烈意识到“那个想法是我提出来的”。这种意识经常被教师忽略。另外，教师在其他场合也会让学生做出自己期待的答案，如果学生的回答符合自己的预期，教师就会十分满意。

但是，从回答者的角度看，回答者最关心的不是自己的答案，而是“我怎么回答的”，他想搞清这一点。教师经常总结“有这样的意见呀”，“是这样的呀”。即使有的孩子成为事物改变的主因，教师也会弱化其个人课上的出众表现。教师认为这种做法是合理的，这样才是民主的、公平的。于是教育就开始朝着否定个人自我因素的方向转变。

此时，通过教师讲述这是某某学说或将其写在黑板上，学生才能了解无论观点正确与否都能成为推动课堂教学的因素。

问答环节

[提问] 为了课堂教学的效果，我认为实践操作是十分必要的。那么怎样才能将真正的学习能力应用到实践操作中呢？

[回答] 我认为这个问题在于让学生做什么样的实践操作。我想提醒大家一点，实践操作并不能代替学习。实践操作作为一种学习手段不能说它没有必要性。程序认知也需要通过一种实践操作才能被理解。没有实践操作不可能认识到事物的过程。因此，将实践操作作为与理解意义密切相关的手段来解释是很重要的。

学生进行实践操作之后，应该想想它的意义，有时也要自己想办法来操作。我们不说孰是孰非，但无论是知识还是学习能力，我认为这种“分析要素原则”式的观念都是极其危险的。这个是实践操作，那个是思考意见，像这样将二者割裂开来本身就是有问题的。我们尽可能地将多种内容联系起来，自然就会用到实践操作，这种课程方式是比较合理的。

例如，在社会学课程中我们列举了美国的独立战争，孩子们思考当年人们的动机时，只能凭借极其匮乏的资料数据进行臆测。

那么，让我们思考一下现在去图书馆应该查阅什么资料才能了解上述问题呢？要不要亲自去图书馆看看，或者下周之前查查什么呢？如此一来，蕴藏着实践操作产生的必然性的活动并不是单独的操作，而是追求知识和理解意义。

在幼儿教育场景下，如折纸等实践操作活动，也并不是单纯地让孩子玩儿，而是通过玩儿来连接认识，明确活动的作用再进行实践操作是很重要的，仅仅是训练孩子习惯、熟悉的操作是没有意义的。

[提问] 我觉得为了教学效果的实现，认真聆听他人的发言，或者把脸面向发言者等学习礼仪是很重要的。关于这一点我想再听听您的意见。

[回答] 这一点和刚才的问题类似。学习本身是不能用礼仪代替的。我认为将礼仪作为一种手段进行训练是很重要的。例如书写答案的方式有在A的下面画两条线，或者用笔圈上的标准方式来表现，用标准化的形式使其模式化，这些都是将学习本身误解为礼仪的行为。有的人拥有一种产生模式化的东西后学习才能得以实现的错觉。这一点值得大家注意。通过具体的态度想获取什么知识，替换这些知识是需要谨慎的。

底线就是底线。让人们对某些怪异的做法表达意见时，大家一起表示“是这样的”，或者不许一起说“不对”，礼仪变成了如学习茶道一样的模式化行为是极其可怕的。虽然我们应该坚持自己的底线，但在某个阶段也可以改变。

教师们总是设法不让孩子自己发生改变。因此，我在教我的孩子写字时，她经常说教师没说让这样写，教师说下一行的这个位置空三个字再写，不能使用这个符号等，她在意的都是这些没必要的、无意义的东西。哪些是本质的东西，哪些是没必要的东西，孩子自己并不知道。

例如，教师说“你要这样做”对孩子而言代表了一切，这就是我们的底线教育。令人意外的是教师并没有意识到这一点。教师全都要求大家一模一样地、干干净净地写作业。如果有不同的写法，教师会对他说：“你再好好学学。”渐渐习惯之后，教师就变得开始期待学生们同时做一样的事儿。这一点十分可怕。

因此，我应该问问大家什么是底线。例如，聆听对方发言的态度包括哪些行为呢？比如包括安静地听，什么时候能向对方提问，呼吸的间隔等。人类将聆听对方想法这种行为本身作为一个问题思考时，应该使用的礼仪规范不是一成不变的，而是存在着多种礼仪。我们可以和孩子们一起思考、一起学习这些规范。

但是，如果将这些礼仪统一化，为了让学生认识到它不是本质而是入口，用不同的方式来尝试，这种尝试其他方法的努力是很重要的。这样一来，做事方法本身就成了需要体会的对象，我们可以利用再次思考事物真实性的机会来统一课程内容。如此一来，学生们变得无所适从，因此他们只好按照自己的想法去做。

此时，如果教师能引导大家进行思考，或引用一些约定俗成的法则，学生们会十分愿意。为了不变得因循守旧，我们应该定期地进行再思考。我们会逐渐体会到这样做的优势，并将它当作体会的对象。遵循礼仪的行为不能解答这些现象。

[提问]我觉得很难发现拥有含蓄动机的孩子。请问应该如何发现呢？

[回答] 有一本书名为《培养学习积极性的教室》（戴查姆斯著，佐

伯胖译)。这本书是以对自我归因理论长达5年的追踪调查为基础创作而成的。

对自我归因的发现要经过一个长期的过程，必须通过多种尝试才能掌握。很多孩子都将自己想象为象棋的棋子。这样的孩子能意识到成为象棋高手必须要付出各种努力。

有些孩子总是觉得自己无法成为改变身边事物的原因，心里很不舒服，这样的孩子是让人难以理解的。对这样的孩子，应该让他们每一个人表明自己到底有什么不明白的地方。另外，我们还要改变教学的性质、改变教师的教学方法，让学生们意识到自己也能成为改变身边事物的原因，这一点非常重要。

学习积极性的根源是想让自己成为改变身边事物的原因。觉得自己无法成为原因的孩子会丧失学习积极性，如果知道自己也许能成为改变身边事物的原因，那么无论哪个孩子都会开始拥有含蓄的动机。拥有这种动机的孩子在自己做事时，就会产生想要主动去理解事物的态度。

关于动机形成，我只讲了最关键的几点。认识与动机形成有着极深的联系，它们与具有积极的认识和态度的积极性是紧密相关的，其根源在于对自我归因的认识。我认为能培养学生这种意识的课堂，将会成为培养学习积极性的课堂，也将成为培养自我进取能力的课堂。

第八节　从内部观察儿童的发展(演讲)

一、孩子是完整的人

今天想跟大家分享一些在学习方面,我个人觉得比较重要的体会。

几年前,某杂志推出了名为《保育的科学》的特辑。我的一篇论文《重新认识儿童发展》收录在其中。我自己已经完全忘记了此事。后来一所专门从事特殊教育的教育中心给我打来了电话,说是读了论文后觉得大开眼界,并希望能将论文精简后登载在教育中心出版的小册子上。我自然同意了。不久,教育中心将精简后的文稿寄给了我。精简后的文章更好地总结了论文的内容,我重新读后回忆起了当时自己提出的“把孩子看作完整的人”这个观点。

也就是说,不是把孩子看成年龄小或不懂事的孩子,而是把孩子这些属性看成是一种自然天性的“儿童性”。我开始使用儿童性这个词是在写作这篇论文之后很久的事情了,但在论文中我写道,这种可以被称为儿童性或是其他性的东西,对人而言是最根本也是最本质的。这种儿童性,或者说孩子的天性并不会发展变化,而会一贯地延续下去。这种属性是人保持生机的根源,会一直持续并发展。

所以说,人的发展不是儿童性发展成成人性,也不是儿童性被置换成成人性的过程。关注儿童性或者说孩子的天性如何一直保持到生命终结为止的学问就是发展教育学。

在论文中我还提出,人的发展的关键在于能否持续保持这份儿童性。并提出了儿童性的四个特征:活在当下,适应环境,通过身体习得,共同生存。在孩子的世界里都是以这四种方式生存的。文章中进一步指出，儿童性其实是人得以发展的根源，无论对老年人、特殊儿童，还是没上年纪的成年人而言都至关重要，并需要一直保持下去。

二、活在当下的孩子

接下来我们一起来思考“什么是活在当下”。我们常常为尚未发生的事情担心，抑或烦恼手头的事情究竟要做到什么时候才好。

像今天我做的这三个小时的演讲，完全就只能是“活在当下”。要是光想着接下来要说什么，就不觉犯晕怀疑自己能不能讲完三个小时。所以我只能是活在当下，把脑海里每个瞬间浮现出来的想法不断地用语言表达出来。

活在当下就是指真实地活在这个瞬间的这个世界里。孩子能够全情投入地玩耍忘记时间是因为他们具备全情投入到这个世界的能力。这种能全情投入，玩得直到忘记太阳下山是一种非常重要的能力。无论是成年人，还是科学家，都具备这种属性，并且对谁而言都是至关重要的。

三、适应环境的孩子

“适应环境”是近来认知心理学上特别重要的一个课题。在面对某个场合的各种要求、各种突发状况时，身体能够做出相应的反应。适应环境的对立面应该就是计划、打算，或者是按规则、规定去做吧。比方说不可以这样做，或者是按规定必须得那样做之类的。一般认为，规则、法则、顺序就意味着“不论环境如何都必须执行”的意思。

在不同的场合中，思考怎么做最适当并做出相应的回应，其实是非常重要的。

最近，发展心理学方面的研究表明，孩子在对意思进行反应之前已经对环境做出了反应。这也就是说，与环境无关的意思是“meaning”。(“意思”可以包含 sense 和 meaning 的双重含义。其中与环境无关的意思是 meaning，sense 指的就是与环境相关的意思。）

比方说有这样的案例，澳大利亚的迈克尔·西格尔将皮亚杰守恒实验过程中的对话，也就是实验者和孩子的对话进行了细致地分析。近来，心理学研究领域也广泛导入了这样的对话分析。这原本是受人类学的影响。人类学研究者们在接触不同文化的时候，如果单凭现有的理论框架就难以看到事物的原貌，因此往往什么都不去思考，以空白的状态去细致地记述眼前发生的事情。这种“人种志”“常人方法学”的方法至关重要，因此在心理学上得到了积极的推广和应用。

迈克尔·西格尔非常细致地记述了在皮亚杰实验中实验者和孩子进行了怎样的对话。相信大家也有过类似的经历。实验者坐在幼儿园的某个角落等着。孩子被教师叮嘱说：“今天某某教师过来做实验，你好好配合啊。”然后孩子就被带到房间，满脸的认真。冷不丁的，孩子突然开口说道：“今天，妈妈不在家。”或者说：“听说爸爸今天要晚些回来。”实验者只得接着说：“先不说这个，这里有 4 颗糖。”基本上都是这样的情况。于是实验者想办法调整实验方法，比如只说概数，不直接说出具体是 4 颗。“听好了，这里有这些糖。你仔细观察，我把糖像这样摆好，你看哪边多？”孩子听完一看是摆着同样数量的糖果，便回答：“是一样多的。”于是实验者说：“那好，现在把糖摆开。”并将其中一列糖的间距扩大，接着问：“现在怎么样？”孩子本想回答“一样的”，抬头一看实验者的脸又犹豫好像不能这么说。于是试着先回答：“是一样多的。”可看到实验者一副疑惑的表情，心想好像哪里不对，就纠正道：“还是不一样的。”教师微微露出了笑容，继续发问：“哪里不一样？”孩子心想是不是说过头了，就回答：“我觉得是变多了。”这回教师又露出了意味深长的表情。

迈克尔·西格尔最终分析得出，孩子在努力制造与实验者的谈话环境，并且努力使谈话更加开心有趣。这种谈话环境的营造很早以前就有语言学家提过。比方说同一件事情被问及两回，或者被要求两次，会让人感觉是对前一次的回答不满意的缘故。但是皮亚杰先生一直以来定下的法则是：同样的回答必须重复出现才可信。所以实验中才会同样的问题再问一次，这样得到的答案如果没有发生改变才是可信的。但是，孩子重视谈话的契机，这和日常推销员当成必备技能学习的一套本领是相通的。

这种本领就包括不可以重复提问。一方面，如果重复提问就会让对方觉得刚刚说的话有蹊跷。另一方面，按规则实验者如不重复提问，得到的信息就不是可靠的数据。这还真是个两难的问题。作为孩子，当被重复问及同一个问题的时候，一般会反应要不要回答一个和刚才的回答不一样的内容。孩子往往这样感知谈话的环境，觉得不可能被问到一些明明知道答案的问题。对方不会明知故问，既然被问到就肯定会有什么特殊的原因。因此，当被问到太过显而易见的问题时，孩子往往会反应是不是哪里出了问题。虽然不是很明白，孩子会用自己的思维去思考这样或那样的事情：如果回答的答案太显而易见，会不会使整个谈话进行不下去。所以孩子最终会回答不同的答案。

接着迈克尔·西格尔还做过其他各种实验。比方说，实验者弄洒了水："哎呀，糟糕！"或者某位教师进来叫实验者："老师，你的电话。"实验者对孩子说："抱歉，我离开一下。"然后起身离开。之后，叫实验者接电话的教师过来问孩子："咦？这两个是一样的吗？"这时候孩子就能正确地回答："嗯，是一样的。"

那么，我们就会思考幼儿得不出"数量守恒"的结论究竟是怎么回事呢？应该说孩子如果明白被提问或者被询问的是问题的本身，就能够做出正确的回答。

大家也渐渐认识到这个事实。孩子真切地想要适应外界的环境，同时也会自己思考，在这个场合中该如何与教师融洽地相处。

在思考儿童发展这个问题的时候，到目前为止，我们都是以旁观者的姿态观察孩子“大脑里的东西”自发地发展，我觉得这是问题的根本所在。孩子已经在竭尽全力地去适应外界的环境。我们应当这样理解适应环境这件事情，包括最细微的一个举动，一瞬间手的动作，手指的动作，其实都属于谈话过程中的一个环节。

不仅在对孩子的问题上，在看待学习这件事情上我们也应当要有这样的态度。我们应该重新认识到，在适应环境这一点上不仅仅是孩子，我们成年人中间的每一个都是与生俱来的。都在共同努力如何在外界环境的帮助下继续生存和发展。这种基本的思维方式也逐渐为大家所了解。

四、孩子通过身体学习

打个比方，让幼儿园的小朋友不做动作唱童谣《握紧拳头再打开》。孩子起个头：“握紧拳头……”就不唱了。教师跟他们说：“再接着唱下面的。”孩子们要么会说：“嗯……”接不下去，要么就会回答：“啊，唱不出来了。”实际上我们尝试着去做做就能明白这个道理。

不活动身体，本来就从根本上抑制了思考本身。所以，自然而然地一边活动身体，一边思考实际上是很重要的。

再换个比方，要大学生给幼儿园的孩子读谷川俊太郎的诗。一般来说，大学生从之前提到的“meaning”入手，在读之前会聚精会神地看诗，接着就开始铿锵有力地朗读起来。诗的意思（meaning）也清楚地读了出来。可是，换成幼儿园的孩子会一口气读出来。也就是说，孩子完全没有思考诗的意思（meaning），而是遵循语言本身的节奏一口气读了出来，读的语调也是极其自然的。诗的意思仿佛从语调的身后冒着泡泡轻轻地涌了上来。所以这种涌上来的“意思”不是分解后的意思，而是类似于表达了环境氛围的，交织着各种各样难以用语言表达出来的意思（sense）。对这种朗读的方法幼儿园的孩子们比较擅长。小学生、中学生、高中生、大学生、研究生渐渐地就不会这样去朗读了。

其实很多时候我们通过身体就可以学会理解，或者可以试图去理解。只是不知不觉中我们已经将这种方式置换成通过大脑去理解了。我们也因此失去了最生动的理解事物的方式。这种事情还是时有发生的。

所以，我们有必要将认知事物的原点放回到身体上。应该重新开始通过身体的动作来认识事物，来理解事物。

这原本是对我们而言最重要的事情。可如同现实中的很多事情都是通过脱离身体的方式来认知一样，科学技术的发展日新月异。比方说，进入文字处理机（将文字存储在磁带上的一种电子打字机）时代，人们渐渐失去了手书汉字的感觉。我自己也不行，汉字认读虽然没有问题，但完全写不出来。只能想起字的形状大概是这个样子，或者说出大概的模样。那种作为人本身的律动，或者说是跃动的象征的汉字逐渐成为文字处理机中的文字了。所以说，通过身体感知是一项重要的认知方式。

五、自主学习

接下来我们换一个话题。我看过 NHK（日本放送协会）跟踪拍摄某位教师为期一年的一个实验录像。这是一个让孩子使用计算机的一个实验，我作为顾问参与其中。实验内容就是让孩子使用笔记本电脑来做各种有趣的事情。

这位教师原本就与我的“拟物认识论”的想法有共鸣。做了很多让孩子试着变成其他什么的实验。4 月份一开学，这位教师就在课上让学生“试着变成其他什么”来看这个世界。比如变成“钟”，一动不动地看教室，教室看上去会是什么样子；或者说变成“黑板”，或者变成“黑板擦”躺在这边会是怎样一种心情；再或者变成黑板前面掉落的“垃圾”，或是小虫，又或是花朵。这样尝试着“变成”某种物体一段时间后，忽然脑子里浮现出来某些画面或者是语言，这时候孩子就把这些画面或语言用电脑以图片的形式记录下来。

有一回我召集大家一起商量年终计划，希望能为这一年的几次拍摄画上完美的句号。关于年终计划这位教师提出了各种看法并进行了说明，比如教历史的时候可以使用这个激光视盘，做环境教育的时候可以使用哪里哪里的数据，等等。可这位教师的表情总显得不怎么认同，感觉完全没有提起兴趣。这位教师接着说到了历史学习可以这样深入，社会课的学习可以那样深入，理科这样教知识点容易掌握，等等。这位教师虽然进行了说明，但总是一副不认同的样子。

当我思考这是怎么一回事的时候，我回忆起了河合隼雄先生关于“理解”一词的见解。河合隼雄先生以前问过我：“佐伯先生，你说‘納得がいく（能理解）’为什么要用‘いく（去）’这个动词来搭配呢？”我一直在思考这个问题，就在某个瞬间我茅塞顿开。其实河合隼雄先生问我这个问题的当天我回去就查了查《广辞苑》，辞典里面没有“腑に落ちる（能理解）”这个词组，只有“腑に落ちない（不能理解）”。我一直持有疑问，但听了刚才的话，我才真正明白了“腑に落ちない（不能理解）”这个词组的含义。

于是，我说出了自己的看法，有些孩子好不容易尝试“变成”了其他什么，并坚持做自己，追求自我。但刚刚听到的学习好像是做给别人看的，跟别人说我学了什么的那种学习，别人会感兴趣的那种学习，或者说被要求必须学的那种学习，而不是自己认可的学习。如果连教师自己都觉得不能理解，不能认同的话，想必跟着学习的学生也会觉得不能认同吧。“感到理解”（认同）指的是什么呢？其实是说当我们找到了一个拥有个人特色的、让自己愿意尝试的切入点，或是发现了一个充分挖掘自己潜能的突破口，便是进入理解的状态。但是我们不会一直停留在这个状态，因为我们还会进一步“いく（去）”进行理解。因此我们也就明白了什么叫不能理解。也就是说，这是不明白该从何处入手的一种状态。孩子自己通常找不到切入点、出发点，即看不到真正的自我突破口。孩子的出发点通常是别人说好自己也姑且跟着做，教师说做就跟着做。但是真正的只有自己才能开启的世界，只有自己才能表达的世界，只有自己才能想到的世界，这种“只有自己”的出发点如果找不到的话，人就会陷入无法理解的状态。而与此相对，“納得がいく（能理解）”中的“納得（理解）”就是切入点，我们要不断地“いく（去）”进行理解，才能真正体会到这个过程的真谛。

听了这番话，那位教师就开朗起来，正是一副认同的表情。“是呀，是呀，我也正是这么想的。没想到自己反而忘记了一直以来坚持的事情。完全是您所说的那样。虽然自以为是清楚该要这么做的，可对着摄像机，想到作为一年的总结要在电视台播出，自己一直以来领会到的一些想法就彻底忘却了。我已经决定了。就这样吧，完全按照我自己的做法来。将坚持自我的学习方式彻底进行下去。”这位教师就这样彻底地坚持了自我。

六、作为出发点的自我探寻

有的事只有我才能开始做，有的话只有我才能说得出，有的想法只有我才能想得到。当我们找不到这种自我的入口的时候，就不会感觉到自我认同。一旦感到能认同，我们就不会停留在原点，开始认识世界。开始认识世界以后，一直坚持的属于自己的世界就会接连地串接起来，整个世界也就自然地呈现在了眼前。

那么，大家放开手来尝试一下这种实验如何？每个人都尝试着变成自己想要的一个新的自己，想要成为猫就变成“猫”，想要成为狗就变成“狗”，想要成为乌鸦就变成“乌鸦”。这种变成新的自我的过程连接在一起形成的世界是私人的世界，这样的世界实在是让人觉得舒适。这种自我的世界一直扩展下去，在某一个瞬间你便会发现自我的世界实际上是与公众的外部世界连接在一起的，而能创造出这个瞬间的便是学校。

比方说制作一个班级的“地图”，或者是教室的“地图”，抑或是学校的校内图。如果由私下里知道“秘密基地”的这个班的孩子来做，他们或许将自己的秘密悄悄地埋在像是资料库一样的地方。像这样带有各种个人的小故事的，属于这个班级自己的秘密的“地图”。若是做这样的“地图”，想必孩子都会有兴趣参加制作的吧。

这个时候，他们一面彻底地坚持自我，一面开始各自的理解。当规模逐步扩大后，作为共同财产的“年级地图”就绘制成功了。当绘制的“地图”完成后，孩子们就可以思考这样的“地图”与城市地图有什么不同。在思考二者关系的过程中，孩子们会慢慢增加对城市地图的地域性、历史性、居住问题等的理解。

同时，他们的“分身”也开始各自行动。当自己变成“猫”，或变成“狗”的同时，这也是在逐步与公众的外部世界建立联系。分身作为本体开始活动，分身也随之慢慢地变成了本体。这才是我们理想的学习环境或者说是学习吧。

接下来，相关企业提供摄像机，分别借给每一个学生。每个学生手持一台摄像机进行了实验。实验中孩子都尝试了彻底地坚持自我。

有个变成“蚂蚁”的孩子，最初是全程跟拍蚂蚁走，慢慢地孩子自己也成了“蚂蚁”，像蚂蚁一样趴在地上用摄像机拍摄。现在的摄像机也真是厉害，可以近距离拍摄 1 厘米远近的东西。只要有光从旁边照过来就能成影，所以几乎是对蚂蚁贴身拍摄。孩子如同真成了一只“蚂蚁”来看地面，和蚂蚁一样的速度拍摄下了这个世界。这个孩子细致逼真地跟拍蚂蚁，有时候跟着爬进了树丛，有时候跟着爬到了树上……从那以后开始了各种各样的尝试。因为要在电视台播放，拍摄影像最后被剪辑成一本带子，我在看到这本录像带的时候深受感动。录像带里面孩子经历过的这段时间就如同现在进行时一般。这个时间不是属于成年人的时间，完全是以孩子的节奏、呼吸和生活在进行着。

七、由“自我”到世界

我着实感到惊讶。这一切都是从对“自我”的坚持坚持再坚持开始，世界就这样渐渐地打开，变得逐渐清晰起来。我们要慢慢地守候孩子的这个过程，孩子会自然而然地开始行动，这也是领会理解的过程。不会停留，只会前进，进而开始邂逅五彩缤纷的世界。

后来，我看了一本记录其中一个孩子变成“猫”的录像带，接下来请大家一起来看看。（放映录像带：现在猫爬上树了。孩子就像猫一样一直盯着树看……像猫一样看着树叶。为了以猫的眼光来看世界，孩子满身是泥一边蹲着一边拍摄，包括一些很小的细节，比如猫可能喜欢去的地方，或者是猫之前待过的地方。）

怎么来形容呢？与其说是观察不如说是感受。像是孩子通过摄像机拍下了完全变成“猫”之后的自己。

孩子以这种方法开始认知世界，可能会有人问，像这样变成“猫”什么的，那些客观的或者说一般意义上的知识又怎么办呢？其实，我认为是能学习到的。比方说，孩子变成了一只“流浪猫”，他会对在哪里、在什么时间能找到“有营养的垃圾”，这种当地特有的信息逐步了解，也会站在猫的角度体会到诸如水污染问题、食物浪费问题、各种垃圾乱放的公害问题等等。

像这样，孩子体会到了猫的“心情”的同时，对这个世界的理解也随之加深了。这也是理解的一种方式，即一边塑造真实的自我，一边认识这个世界。

我是这样想的，“自我”是可以无限扩展的。因此，找到“自我”的出发点是一种自我认可，也是理解的开始。比方说，我爱猫，一直思考着关于猫的各种事情，如果以这个为出发点，我可以用自己的方式展开话题，这其实就是一种自我认可。以此为出发点渐渐地展开话题，可以拓展到文化、社会等等。同时，“自我”是不会改变，始终存在于话题中的。当我们能够这样认识世界的时候，我觉得就是真正地理解了。

自己是清楚真正地理解和领会是怎么一回事的。以此为出发点，在接触世界和与其他事物建立联系的时候一贯地保持着“自我”，这个时候我们应当是能真实地感受到自己学到了东西。其实孩子本能地是通过这个方式来学习的，只是在学校这个环境中被分割开了。

八、发现孩子的个性

今天在座的大多是幼儿园的教师，幼儿园里大多都是提倡像这样尊重孩子们各自的个性，并发挥其优点和长处的。首先肯定孩子自身，让孩子有自信知道保持“自我”就好。这才是幼儿保护教育本该有的样子。

可是，一进入到学校，情况就有所变化了。不是以“自我”为出发点，而是被动的从这里或那里接受的东西开始出发，而且不知什么时候就在这里中断了。中断的原因其实就是在学校里开始所谓的学习。

就像一开始我提到的那样，我们其实无形间将真正的学习分割开了。真正的学习是把真正的“自我”置换成各种各样的事物，并由此展开。而且，一直以来坚持的“自我”，并不会仅仅停留在现在这个状态。孩子们可以变成“猫”，变成“狗”，甚至是“蟑螂”，像这样一边体验着不同的自己一边开阔自己的世界。而且每一次的体验都是通过自己的理解来领会的。孩子们一边通过理解发展真实的自我，一边通过体验不同事物来认识世界。这种认知事物的方式是极其重要的。真实的我，是在与真实的你的交流过程中产生的。支撑着真实的你和我的，是真实的“我们”这个集合。“我们”共同思考，“我们”共同感受。朝着这个目标，需要提高对于“我们”这个集合的意识。

九、共同生存

我们每个人都有自己的坚持，书写自己的故事。每个人都有自己的发现、感动，发现创建自己的世界。当与他人分享自己的世界的时候，要注意善于倾听他人的谈话，这是非常重要的。善于聆听他人的谈话，了解其他人也是和自己一样的一个“自我”。应该以这种状态互相倾听互相交流，互相进入对方的内心，互相分享的同时建立自己的个性。这是学习上至关重要的一点。

与其说这个人的个性，这个孩子的个性，不如说每个人都拥有自己的个性。但是，我不仅仅拥有自我。我所坚持的自我其实大家知道了会觉得有趣，并且能得到大家的喜爱。当孩子知道依靠自我和个性也能脱颖而出的时候，会变得积极而有活力的。

我同事的孩子非常内向，喜欢一个人玩耍。别的孩子来他会不高兴，不爱说话，别人问话他也不喜欢搭腔。一直以来他就是这个样子，不轻易对别人敞开心扉，可据说这孩子最近变得开朗了许多。看他去郊游时拍的照片，都是正面对着镜头做出“耶”的手势，真是让我大吃了一惊。

我尝试着问孩子原因。原来这个孩子有一个其他孩子都没有的长处——他对学校供应的午餐非常有研究，是个“午餐小博士”。食堂一星期的菜单他全部都能记住，明天吃什么，后天吃什么他全部都能说出来。他吃饭不仅不会剩饭浪费，而且速度也是最快的。大家都公认这个孩子在午餐方面有独特之处。因为是“午餐小博士”，所以在午餐方面有什么不明白的问他就好了。要是有人问：“今天的饭菜比较一般啊，明天吃什么呀？”这孩子能回答：“明天是吃××，放心吧。”“啊，是这样呀！”大家都开始佩服他。这孩子也就变得积极活跃起来。

这个孩子自己坚持的事情，或者喜欢的东西，他从没想过与其他的孩子能够产生共鸣。他偶然被问到的时候告诉对方，对方很惊讶：“哎呀！你好厉害！”“咦？真的很厉害吗？”于是孩子试着再观察一下，发现还真是如此。其他的孩子对于午餐不太在意也不清楚。如此一来这个孩子一下子就有了动力，别说一周的，索性他能把一年的菜单都背下来。

就是因为这样一些事情，平淡的生活一下子就有了乐趣。也因为这样的契机，人可以掌握各种技能。就像最开始我说的那样，我之所以觉得自己可能会在教育行业，或者说与教育相关的行业内做些什么，是因为感到自己在学习方面有了些体会，坚持自己的想法做下去说不定会有什么收获。我尝试着将自己独有的观点说出来，这对于教育学或者是教育界都可能是有意义的事情。

当然，我也深刻地体会到这不仅仅是我一个人的想法。首先这种体会本身就提示我们要重新审视学习，替我们指出了一条针对包含幼儿教育在内的学校教育现存制度存在问题的变革之路。

第三章 如何挽救学力

第一节　从学习看教材研究（演讲）

一、教材的定义和内容分类

首先，我们来思考一下教材究竟是什么。我认为，在编写前所未有的、有创新意义的教材时，极为重要的一点就是重新思考“教材是什么”这一问题。

一直以来，人们对教材理论有着各种各样的思考。不过也存在像杜威那样，认为孩子们所经历的环境全都可以当作教材的看法，虽然这种看法有点极端。换一种观点来看，我们也可以认为，所谓的教学用具——黑板、教室以及其他一切设备设施都是教材。但是，一般而言，更多的观点认为，能够辅助孩子获得知识的材料就是教材。我们可以将教材定义为有计划的、有意图的、体系化的全部课程准备。

（一）具备交流功能的教材

与上文所述相对，我想从其他角度提出一个观点，即教师是丰富师生之间交流的辅助工具。交流包含在教材之中，是教材应该具备的一个特征，如果教师单纯地认为自己只是为了教授教材而存在，那就会陷入忽视师生交流的危险境地。

也就是说，教师变得只关注教材里有什么内容，自己要教授什么内容，自己必须思考什么内容，反而忽视了对学生的关注，这是非常危险的事情。因此我认为教师应该把教材看作是丰富师生交流的材料。

从交流这一方面来看，教师要弄清孩子们的实际情况，即孩子们究竟在思考什么，他们不明白什么。换而言之，当学生向教师表达个人意图时，教材应该是最为便利的途径。

使用这样的教材，教师能够十分清楚孩子们哪里不懂，也就是说，孩子们的理解程度通过这个教材很好地传达给了教师。

当然，教师也有必要通过语言把想要教授的东西，直接明了地传达给学生。最重要的是，教师不要自顾自地用只有自己才懂的语言授课，而应该使用学生听得懂的语言。

学生在理解知识内容之前，首先应该理解教师在说什么。这意味着，当教师在引导学生时，至少应该让对方理解自己说话的内容，自己想让对方做的事情，以及想让对方明白的内容。把自己的解释强加给孩子，或是用成年人的想法编纂而成的教材都是不可取的。

此外，具备交流功能的教材是要包含测验的，当然我并不是说测验不具备评价的功能。从某种角度来看，教师和学生之间可以通过测验进行沟通交流。我们可以把测验当作是和孩子们之间沟通交流的机会。

我们在编写一部教材时，眼前就会浮现出使用这个教材时，这个孩子、那个孩子，教室里的每一个孩子的脸庞。例如“这个孩子可能会这么想，那个孩子可能会说这样的话”。这些想法可能就会激发我们产生丰富的联想。对于教师想要教授的内容、讲授的知识，孩子们会竖起耳朵、睁大眼睛，认真倾听并积极参与，课堂气氛会变得活跃。我认为这些才是最重要的。

（二）获取知识的工具

接下来，让我们来讨论一下教材的教授以及学习。我们想要教授的东西究竟是什么呢？这又不得不回到一个根本性的问题上了。我们应该怎样教授学生知识呢？刚刚，我在对教材进行简单的定义，并探讨其特征时，使用了学生获取知识这样的表达。

知识，是一个在教育界不常使用的词语。仅仅使用像知识这样带有形容意味的词语，可能会给人一种片段式的事实叠加在一起的印象。所以人们经常使用“知识不是给予的，是思考得来的”这样的表述。

我特意在这里使用“知识”这个词语，虽然有些危险，但是我实在找不出其他方式表达了。总之学习就是要搞明白某些东西。如果要把“某些东西”称作知识的话，那我们就接受这样的表达吧。换言之，让学生们能够掌握“某些东西”，是编写教材的一个重要目的。

那么，学生掌握“某些东西”中的“某些”究竟是指什么呢？对此，吉尔伯特·赖尔的分类十分有名。他的观点受到了教育哲学界的关注，在教育心理学特别是认知心理学中，非常受瞩目。

吉尔伯特·赖尔的分类，出现在 1949 年的论文中，所以比较久远，不过内容非常简单。掌握某些东西——知道某些东西，该行为共有两种类型，即“所知（knowing that）”与“能知（knowing how）”两类。“所知”指的是与事实相关的内容，意味着知道某种事实。“能知”指的是程序性的内容，即知道“怎样做才好，怎样做会产生怎样的结果”这一程序。

对此，我在《学习的构造》（东洋馆出版社）一书中，写道用教学机器能否实现教育目的时曾谈及这一点，书中论述了教育的目标能否替换为程序性内容这一问题。

诚然，所谓掌握“某些东西”，就是进行测验，或是要求实现某种学习行为时，学生能做出恰当的行动。知道某种事实，就是面对某种问题时如何作答。我们可以认为一切学习行为都能被“如何作答（how to answer）”还原。

从教育的观点来看，这一观点在理论上或许可以成立。但是我认为，那些不合乎道理的还原在现实中是不可能的。即便它能够成立，从自然的思维方式、自然的教育理论这一角度来思考时，我们仍可以认为程序性内容和事实性内容是不一样的。

那么，这里就出现了教材究竟是什么这一问题。我认为教材就是“用于理解（knowing with）”的工具，即通过某种方式来学习。“用于理解”之后出现的行为，是属于“所知”还是属于“能知”，这决定了我们是采用程序性教材还是事实性教材。换而言之，通过“用于理解（knowing with）”的教材进行学习时，能够用“所知”来表达的内容，就是事实性教材，而与“能知”相关的内容就是程序性教材。

但是，事实和程序之间的区分非常模糊。即便是事实性问题，对于什么问题怎样回答，在什么场合采取什么行为，类似这种“如何做（how to）”的行为方式可以在一定程度上影响程序性内容。这种行为的绝大部分就像教学机器一样，能够通过学生的行动表现出来。

这样一来我们不得不承认，“所知”和“能知”在理论上有着非常相近的关系。可以说，如何区分二者是教学方面的问题，也是教材的问题。使用不同的学习方式时，哪些属于程序性问题，哪些作为事实性命题被保留下来，这是完全不同的两个问题。

（三）“所知型”教材

从教育的观点来思考，我想提议将“所知”和“能知”分离开来。我认为这不是理论性内容，而是教育理论的一个观点。这个观点就是要表达孩子们真实性的感觉，其内容属于“所知”范畴。

也就是说，要使学生最终能够体会到“原来如此，果真是这样，说的没错”这种实感。就像二次方程的求根公式一样，我们将特定的“解法”看作程序性内容，引导学生对事物本身产生实感，并帮助学生理解“所知型”内容。

（四）“能知型”教材

与上述内容相对，纯粹的属于“如何做”的方式是令人感觉最为便利的。这种方式非常便捷可行、易于掌握。

这种方式是具有便利性和经济性的，学生们会觉得这种方法“真是简单方便啊”，或者会觉得自己受益良多。学生们还会对这种学习方式有实际参与感。孩子们在一定程度上有惰性——也有人认为正因为有惰性才有进步。能表达出人们觉得方便可行的实际感受的属于程序性内容，我们也可以认为它属于“能知型”教材。

以上内容，并不是对“所知”和“能知”的哲学性、理论性分析，而是我在思考学习者和教育者的问题时提出的一种区分标准。

也就是说，我们在对写入教材的内容进行分类时，应该将理解孩子们的心情、孩子们的感受作为分类基准，我认为这是一种可行的方法。这种情况下，我们可以通过判断该内容是表达真实性感觉的内容，还是表达便利性感觉的内容来进行分类。

二、表达真实性的教材

接下来，我想对什么是表达真实性的内容，即事实内容这一问题进行探讨。大家可以一起思考一下，我们是在什么场合之下，又是在面对什么问题时，才意识到自己的真实性，并对自身存在有切身感受的呢？

我整理了以下三个方面的内容。

我认为，一个事物本身会存在多个方面。在真实性内容之中，有这样的教材，也有那样的教材，不是通过某一部分来区分，而是无论什么教材都包含这三个方面。我们也可以这样理解，某些教材着重强调某一方面，同时也存在其他方面。

（一）第一个方面是结构问题

结构一词，在教材研究中是非常古老的词语，经常被人们讨论。布鲁纳在《教育过程》一书中，指出了结构的重要性。布鲁纳在强调结构的重要性时，讲了尺蠖的例子。

如果让尺蠖在平面上行走，平面水平时它是直线前进的，将平面倾斜 30 度左右，它会以偏离中心轴 45 度的角度蜿蜒前进。将平面倾斜 60 度左右，它会以偏离中心轴 15 度的角度蜿蜒前进。由此我们看出，尺蠖喜欢沿着一定的倾角攀登。

我们可以发现，不管外界环境是垂直的，还是有一定倾角的，尺蠖都有沿着一定倾角向上攀登的特性。

我们把这种现象抽象化，表述为尺蠖的“趋性”。这样一来，在其他动物身上发现的各种各样的趋性，甚至在植物上发现的趋性，这些存在于环境中的各式各样的现象，都能从结构上来把握，这一点非常值得强调。

总的来说，一种被抽象化的法则或是理论构成的，即便所属领域不同，但仍可以形成一种通用模型，这就是结构。了解了这种结构，我们就会产生豁然开朗的感觉。拿植物来说，有的只有在某特定温度下才能生长，或是叶子只朝某一方向生长，这些都属于不同意义上的趋性，理解了这一点也就理解了自然现象。

数学中也有某一种法则或是某一种思维方式能够适用于多种场合的例子。由此，我们也能够了解其中共同存在的结构。

（二）第二个方面是对事物变化的原因极其敏感

“究竟为什么会这样”，“为什么会发生”，在追求原因这件事上，不论是大人还是孩子都充满了兴趣。这不是结构的问题，而是世界形成的问题。因为人们都对形成的过程充满兴趣。

在历史问题上，我们会想了解某一事件发展的态势。既然事实如此，为什么会产生这样的变化，为什么人们发现了它，人们是如何了解这一事态的，人类诸如此类的思考历史问题的顺序，也可以理解为另一个事实性内容。

（三）第三个方面是事实认知的生活性方面

这一方面是指“知道了这些东西能怎样呢”这种追问的感觉。这是介于真实性感觉和便利性感觉之间的东西。对此不同的人会有不同的理解，有的人会把它当作真实性问题来理解，有的人会把它当作便利性问题来理解。

比如，在教授生物学时，动物通过对环境的适应，或通过高明的生存方式得以延续生命。这样的例子在文化中也存在，如果将自己置身于这种实际情况之中，就会产生“那样做确实很好啊”的实感。我们把这样的情况称为事实认知的生活性方面。

某一内容是否直接关系到自身将来计划的顺利开展，取决于它属于事实内容还是便利内容。然而，世间万事的成立，不仅仅取决于其是不是真理，生活有生活的意义，文化有文化的意义，历史有历史的背景，我们要认识到其中的作用或意义、用途或合理性等，我认为这些都包含在真实性之中。

这里所说的真实性，与“是真是假”中的真实性的意思稍有不同，不过我认为可以称作是“理所应当”的实感、“当然如此”的实感，或“原来如此(诚然)”的实感。这些内容都作为事实内容的一方面存在着。

三、表达便利性的教材

孩子用自身的生活常识能判断出具有便利性的教材应包含的程序内容，接下来，我想就这一问题展开讨论。

首先要提及的是叫作算法的教材内容，算法（计算方式）是一种为人们熟知的方法。

算法是指用一种固定的方法解决特定的问题，得出特定的答案。如果不知道这种算法，则解题将十分困难，如果知道这种算法就一定能得出答案。从这种意义上来说，记住九九乘法表是非常便利的。

使用计算器也非常便利，这在一定意义上或许也属于算法。不过，如果我们的教学变成了计算机程序教育，那就成了具有相当高度的算法教育了。从这种意义来说，我们必须教会学生某种计算程序，即求解的方法。

（一）第一个方面是程序或顺序

虽说必须要教给学生求解方法，但这也只是一方面，不论是九九乘法表还是加法运算，其中都包含着事实性问题、事实性命题，也包含一定的结构。如果要思考为什么能发现这种算法，也会出现一些很有趣的话题，如果要说明为什么会用这种算法，解释起来就没有止境了。

我们也可以将其看作生活性的问题，思考它拥有何种文化意义。不过在不会四则运算而苦恼的时候，了解计算程序还是较为便利的途径。因此，我们会要求学生必须要记住程序，必须要练习，必须要计算得更快。这就是算法的一个方面。

（二）第二个方面是发现法（启发式教学法）

日常生活中，学生会提出各种问题。他们为了搞清楚某个东西，会有一系列的问题。例如，“你怎么看这件事”，“这变成了什么”，“你明白了什么”等。

关于探究行为，也存在一定形式的发问系统。通常，教师们会以抛砖引玉的方式来提示学生。可是，当学生独自一人学习时，就必须要自己在心中发问了。这种发问如果是随意地发出来也无助于理解。学生对于问题要有好或坏的判断，按照发问的顺序问下去，知识才会一点点展开来。发问是有一定的系列、顺序和体系的。这就是发现法（启发式教学法）。

比如，被大家熟知的学习方法包括独学、共学、跟学，即“一个人学，和朋友学，跟教师学”。还有假名五字学习法（さしすせそ学習），即“寻找—调查—有条理地思考—整理、总结、确认—验证”，这也是一种发现法。试着用这种方法就会发现它非常便利。以这些方法为线索探究事物，就能很好地理解事物。这一系列的问题就是一种程序，也就是探究知识的过程。在教授学生知识程序时，我认为有必要教给他们探究的过程。

（三）第三方面是注目或注意、分类或整理的基准

当我们尝试注意或关注某一事物时，就能很好地理解它，如果能对它进行分类或整理则会进一步加深理解。这是探究真理时使用的工具，也是如字面意思所说的一种技能。使用这种方法，我们能很好地理解事物，学习知识，能让我们实际感受到事实性命题顺利展开的便利和舒适。我认为关于这种分类或整理、注意或注目的知识，是程序性知识的重要课题。

（四）第四方面是剧本（按字面意思来说就是脚本）

这是备受认知心理学关注的词语。对我们而言无须解释说明，是应该了解的常识。就像故事有起承转合一样。写故事的人虽然没有意识到这一点，但它其实作为背后的一个框架存在着。说起故事的起承转合，人们大概会认为它不是剧本，而是结构。对于剧本这个概念出现的由来，我再举一些离我们更近的例子。

比如说，幼儿一般对郊游这件事有多少了解呢？大概是根据有没有 “郊游是什么”这个知识储备，分成能把教师说明的“集合地点”“集合时间”“携带物品”这些重要的项目记在脑子里的孩子和不能记在脑子里的孩子两类。类似这种在生活或活动中包含的重要项目就是剧本。在日常生活中，觉得理所当然的事情有很多。正因为觉得理所当然，才会把“这样做之后会变成这样，不这样做不行”等行为作为知识储备下来。可是，没有经历过郊游的孩子，他们没有活动的知识剧本。就算要求他们需要注意一些事项，他们也不知道为什么必须要注意。他们不知道教师在说什么，只记得教师很大声地说了一些话。在这种意义上，剧本应该受到重视。

之所以产生这种概念，是因为我们要用电脑来理解、概括故事。用电脑概括故事时会有省略的部分，也会保存有疑问的事项。教师上课时，是根据自身拥有的大量剧本（脚本）在进行授课。

如果孩子本身不知道剧本的框架，就会感到莫名其妙。这种情况下，我们要做的就是如何让孩子也能掌握剧本。我们无法把剧本展示给他们看，所以即便某些东西对我们来说是理所当然的，我们也必须细致地教给学生该剧本的结构。也就是说，我们必须要敢于将行动方面的“常识”变得有意识性。

四、关于教材化的原则

以上就是事实内容和程序内容，即“所知”和“能知”。接下来我们要将其转变为“用于理解（knowing with）——教材化”的形式。

我想陈述一下关于教材化的这一想法。我总结出了教材化的几个原则。简单来说就是，重视实感、表达和活动这三点。

首先，我们来思考一下“实感”。“原来如此，确实如此，真的，很便利，甚合我意”这些就是实感。重要的是这些实感能否被孩子们接受。我们一般认为，教育是脱离了日常世俗的意识，是更为抽象、在形式上更为高级的问题。实际上，实感性教育是根植于常识思考之中的，是从常识中提炼、打磨出来的。

很遗憾没有人针对孩子们拥有的实感或常识进行过调查或研究。有针对成年人拥有的常识进行的分析，这对我们是一种启发。在此我想为大家介绍一下大卫·奥尔逊分析的关于常识的七个特征。

第一个特征是，常识重视行动、活动、操作的有效性。常识要求我们具备关于行为方式的知识，例如“这么做很方便，很合适，这样发展下去是理所当然的”等。而且这些也很容易常识化。

第二个特征是，常识依存于极其个别的、具体的状况。常识虽然从谚语中而来，但它绝不能通用于抽象事物。它可能在某种模式下顺利开展，也可能在某种模式下变成个别行为。

第三个特征是，常识重视世间的习惯、谚语、传说。我们表达常识的时候，会说："过去的人就是这么过来的，到现在为止大家也都这样啊，还有这样的谚语呢。"这些东西都会成为让我们能够快速领会事物的实感。

第四个特征是，常识必定包含着相互的矛盾。在比较谚语的时候，会发现互相之间完全相反的两个谚语。

第五个特征是，常识依存于价值。也就是说它基于某种特定的价值观而存在。在价值观上，常识不会保持完全中立的立场，而是依存于某种特定的价值观。

第六个特征是，常识是绘图式的理解。就是说它表现出来的外在的东西就是真实的。在各种各样的事例中，如果我们能指出具有典型性的绝佳例子，就能在一瞬间看清事物的关系。这就是真实性感觉。所以插画或是图表有非常重要的意义。

第七个特征是，常识就是正面意义上的"权威主义"。对那些由尊重、重视文化意义而得到的信息，以及具有权威性的知识，我们都应该予以重视。当然，盲目相信"权威"是危险的，但是我们要充分承认"权威"的存在。

在能够实际感知的世界中，如果知识只是存在于非常个别的情况下，我们可能会觉得简单，但是状况一变想法也会改变。我们获取知识就是把这种想法构造化，再进行某种抽象化，使其成型，这样知识就能扩展成为更容易接受的世界。

说起表达，现今孩子们表达能力变得特别差。在表达中，最重要的是自己要对一件事清楚了解到能向别人说明白的程度。准确地向他人传达想法是一件很重要的事，然而让我意外的是我们很缺乏关于表达方法的教育。

我们只想着教给学生们知识就行，学生们接受了就行，没必要把懂得的东西表达出来。然而，并不是只有言语上的表达才是表达，这是极为重要的一点。

在数学中，符号表达是非常重要的。用 x 标记还是用 a 标记，情况完全不一样。因为一般来说，x 是未知数，a 是参数。这就是符号表达。当然，也会有示意图，根据分类或整理的方法不同，表达形式也会有变化。示意图就是适当地图像化，将已理解的内容重新表现为人人都能接受的图像形式。对编写教材来说这一点非常重要。而且通过教材，孩子们习惯符号表达和图像表达的关系也是极为重要的。

也就是说，我们要重视表达的多样性。不要总是千篇一律，对同样的内容，同样的真实性内容，从不同观点来看会怎样，换位思考的话，怎样表达比较好，像这样根据不同的观点，不同的状况，可以有不同的表达方式，这一点是非常重要的。在制作教材时，根据状况的不同，将表达的多样性编入适当的选择之中，我们从中也能学到关于表达的一种技术。

最后我们思考一下重视学生活动这一问题。这并不仅仅是指身体的活动。当然，身体活动也是很重要的，但活动中的想象力更为重要。学生在活动中产生的细致的想象力在教育中也发挥着重要的作用。能促进学生活动、能提升活动想象力的教材非常重要。进一步说，教材的特征就是能够帮助学生发挥想象力。我认为，能够制作出让学生在脑海中瞬间就能浮现出“如果自己在那个时候会怎么做”的教材，以及激发学生想象活动的教材，是非常重要的。

以上几个原则是一般性原则。不论是对于事实内容的教材，还是对于程序内容的教材，我认为这些原则都是共通的。

第二节 家庭教育的“陷阱”

编辑部拜托我写一写关于“预习或复习的好方法”，但是说实话，我很困扰。这是因为就我自身的经验来看，至少小学阶段，我完全不记得自己做过预习或复习这些事。也不记得有人要求我做这些。就算是有人让我做，大概也完全被我无视了吧。

前几天，我在和研究室的一个非常优秀（不是成绩优秀的意思，而是洞察力、创造力、对事物的探究心等的表现非常出类拔萃）的学生聊天时，他说：“从小学到现在，我从来没做过‘作业’。”就因为这样，小学时候他每天被批评、被罚站，遭遇了这么多事情他还能挺起胸膛说：“我从来没有屈服过。”这让我感到很惊讶。

人们都说：“如果不布置作业孩子就不去学习。”但是，也存在“布置了作业孩子就变得不会真正的学习了”。

虽然关于预习或复习我的理论听起来可能很乖戾，也辜负了编辑部的期待，但是偶尔强调一下所谓预习或复习的“陷阱”和“可怕”也不失为一件好事。

一、不要灌输作业型学习观

我们常常倾向于把学习和作业当成一回事。孩子们端正地坐在书桌前，认真地做笔记，勤勉地写作业，这些姿态被认为是在“好好学习”。首先，要求孩子们将眼前的“教科书”当作教典来珍视，并且要毕恭毕敬地读写教科书上的内容。

然后，他们从小又被灌输要分清楚“学习是学习，玩耍是玩耍”，“不要就知道玩儿，要好好学习”，或“学习结束了就可以去玩儿了”。

而且在学校也是，孩子们的“游戏时间”和“上课时间”被清楚地区分开来。所谓“好好玩，好好学”被理解为“玩的时候就痛快玩，学习的时候就认认真真地学”。

我反对这种看法。或许在小学、初中，这种勤奋学习的“书呆子”对于教师而言比较好管理，但是如果要将教育作为一生的事业自然地经营下去的话，这种“作业型学习观”将会成为最大的障碍。

我从来不认为学校教育是为了公司存在的。但是，当我看到进入公司迅速崭露头角、麻利地完成顶尖工作的学生时；当我看到经济不景气也能首先被公司采用的学生时，我发现至少他们都不是认为“学习就是坐在桌子前勤勤恳恳、认真写作业”的类型。现如今，就连企业也要求一种（即使在一边和人聊天，或是一边打麻将，也能在生活的方方面面中思考、不断学习的）人才。

在学校，或许是不得不区分“上课时间”和“游戏时间”。如果是这样的话，我希望至少在家里，孩子们的学习能够与生活融为一体。寓教于乐，享受知识，活用知识，如果能下这样的功夫，有这样的考虑，那么作业就不再是家庭教育的全部了。

二、不要夺走“发现的喜悦”

所谓的“发现学习”，在学校中常常被认为不是最好的学习形态。但在每一次的课堂上，可以说孩子一定会有某种意义上的“发现”。不过，如果学生预习得太充分，在课堂上只能听到些自己“已经知道了的东西”，那么课堂就如同死了一样，变得只不过是一场戏剧。

对于已经知道了答案的孩子们来说，你无法把获得答案过程中的乐趣传达给他们。而且他们也无法切身体会到为什么这个答案就是“真理”，是“确实如此”，是“真的正确的东西”。

前几天，我在广播里听“儿童电话聊天室”时，发现现在的孩子很小的时候就轻易地相信了“地球是圆的”。他们用一种“比起相信UFO 的存在”更轻松的心情相信着“地球是圆的”。如果所有的知识都通过读书或是听父母说过就提前知道了的话，那么他们就无法体会求知过程中的乐趣，也无法拥有自己认真思考就能理解新知识的自信。如果情况变成了无论什么时候，孩子都会怀着“有什么不会的问问谁就好，或是哪本书上肯定写着”的心情，对于从事教育工作的我来说，想一想真是十分可怕。

不能让预习或是作业变成是在培养孩子们形成一种轻视“发现”知识的过程、只求答案的态度。

三、不要布置“孩子与家长共同完成”的课题

我本以为在城市里，不会有学校在布置暑假作业时要求学生去采集昆虫；或是有些作业中提及的材料让家长们不得不跑遍了各个商场去买回来。

每个学生都有着不同的家庭环境。让生活在高楼之中或公寓里的孩子去“记录向日葵的观察日记”，这着实是在强人所难。

就向日葵的观察日记而言，学校为了让学生们记录种植在学校庭院里的向日葵的成长，暑假时给小学一年级学生布置了每周记录向日葵高度的“作业”。可是向日葵成长得很快，一转眼它已经超过了孩子的身高。让那些连尺子的用法都不会的小孩，去测量超过他们身高的东西，这怎么可能呢？儿子拜托我带上卷尺和他一起去学校，去了以后才发现其他孩子也都是和家长一起来的，家长在测量，让孩子们记录。

这不成了给家长布置作业了吗？

四、不能否认“个人差异”

每个学生，在能力上、学习环境上，甚至是学习态度或方法上，都有很大的个人差异。

从所谓的“能力”方面而言，对于理解速度快的孩子来说，比起预习更应该加强复习；对于认真型的孩子来说，为了跟得上教学进度，应该加强预习。

从学习环境方面而言，对于家里有学习氛围的孩子或家里有年龄相仿的哥哥或姐姐的孩子来说，应该尽量布置“自由课题”，推进一种尊重自发性的家庭教育；对于不在这种环境的孩子来说，应该给予一种非常细心的指导。

从学习方法这方面而言也一样，每个孩子应该拥有各自的学习状态，统一的某某学习法并不一定适合所有的孩子。

最重要的是，每个孩子都要努力找到适合自己的学习方法，能够独立剖析自己不好的习惯、不擅长的方面。

换言之，统一要求干某件事并不是理想的家庭学习状态。至少在家里，要让孩子形成“我不是为了谁在做，我是为了自己在做”的意识。让孩子去做，而且去监视他们做了没有，这样并不是“家庭学习指导”本来的姿态。反而更应该关注，没让他们去做，他们自觉地做了多少；尽自己所能思考了多深；下了多少功夫。虽然再三反复，但比起“结果”而言我们更应该评价的是“过程”。不论是预习还是复习，都应该最大限度地去挖掘一个孩子的潜能。

五、不要布置“近视眼型”作业

一说到预习或复习，有的人就会觉得是“为了下节课的预习”或是“对上节课的复习”。这样说多了，孩子们的眼界就会变小，容易培养出“只把眼前的东西当作目标，只忠实于眼前的东西”的孩子。或许这样符合“忠实于教学”的方针，但不能因此扼杀孩子提升自己的机会，挫伤他们的积极性。

我最开始说过，我不记得自己小学的时候做过作业。但我很清楚地记得自己在家学习。可以说，在小学时代，我对于学习的记忆都是在家里学习。我记得自己小学时花了一个夏天的时间，整理了从宇宙出现到地球诞生的各种天文学说，并且于暑假结束后在大型礼堂十分得意地完成了演说。记得当时的我应该是以岩波书店出版的“科学的学校”系列为基础，在家进行了物理、化学实验。正因为这样我才记得自己如着了魔一般地做这些事情。

我认为对事物的兴趣，不会因为你埋头苦干，仅仅是踏实地完成眼前的目标而自然产生。哪怕你在细节上有些错误或是有粗心的地方，只要着眼于大局，抓住整体就好。而且一旦你对某一事物感觉“变得有意思了”，只要坚持到最后，你就能有所收获。

如果说预习或复习发挥了什么作用，应该说就像是为了把握知识的脉络，被卷入了一个不论怎么汲取都没有尽头的世界中那样。也就是说，我希望预习和复习不要只停留于“仅仅是为了下堂课而预习”，“只复习课堂上的内容”这种程度。我们应该引导学生把握课程背后庞大的脉络，与其让学生直接在课堂上发挥作用，不如间接地引导他们对事物进行理解。

六、预习和复习的方法

让我们来思考一下，什么才是理想的预习和复习。

撇开“理想”，现实地说，要活用教科书，仅仅依靠学校的教学，还是不够的。无论如何都需要依靠家庭学习。而且，人们常常认为，家庭学习大多是进行例如背诵九九乘法表，或是记忆汉字等“作业型”的课题，没有为孩子留出提升个人自主性或个性的空间。

非常遗憾的是，我不得不承认，在现如今的学校教育中（虽然我也并不希望），这种“作业型”的家庭学习是必要的。

可是，这种“作业型”的家庭学习，说到底是应该建立在“不是原本的东西”的认识上进行的。如果在某个阶段必须掌握特定的技能时，应该展示出一个极其明白细致的具体的达成目标，在短时间内集中进行。

而且，要充分说明这种“技能训练”是多么的重要，之后会不会发挥作用等意义，保持家庭的理解和合作关系的同时，在孩子也能接受的基础上进行。我反对仅仅是漫不经心的、“没什么目的地试着做”这样的课题。当然，要通过课堂或是测验检查目标是不是达成了，对没有达成的孩子们有必要进行个别指导。

虽然有些啰唆，但原本的预习和复习的作用，并不在“作业型训练”中体现。

我认为原本预习和复习应该是把重点放在加深、提高“事物的意义及整体的流程”和个人体验相结合，给予孩子们创造出自己的东西的机会。

比如说预习，重点不应该是“提前获取知识”，而是孩子们“提前发现自己想知道的东西、不明白的东西、感兴趣的东西”，自己把这些整理出来。应该避免类似“向父母或哥哥姐姐询问，或是查参考书、教科书，把所有东西都搞懂”的预习方式。应该激发孩子们的个人体验，拓展生活空间，培养学习态度，不断培养孩子们想知道、想弄明白的意愿。

对于复习也是一样，孩子不仅仅是记忆课堂上教师教过的内容，还要让复习与自己的生活体验相结合。教师应该指导孩子们去“想要知道更多”，“想要做更多”。比起达成目标，我更希望孩子们能深刻体会、享受探求知识的过程。

不管什么场合都可以学习讨论，要最小限度地减少“一问一答”“布置作业就照着那么做”的形式；最大限度地帮助学习者自己学习，发现乐趣。

第三节　给孩子的可能性增加勇气

——谈何谓真正的“优等生”

一、“优等生”有什么不好？

追忆那些被世人称作“名士”之人的往事时，故事基本都差不多。大多数情况下都是某某在学生时代怎么爱玩，是个多么“顽劣”的学生，多么自由地干自己喜欢的事情，如此一类的话。接着就是“现代的学校教育……”，也就是些“激烈的批判”，“面向教育的提议”，说“现代的学校教育不应是填鸭式教育”，“如果不宽松教育就没办法培养‘独创性’”。

学校的教师听着这些，点头说：“说得没错，正是如此。”愤慨现代的应试教育。可一旦回到了教室，还是不得不返回现实，狠狠地批评“差生”，关注学生们测验、考试的成绩。独自留下了不可名状的矛盾和难以满足的心情。

不论是谁，只要他是教育者，都不会认为只要培养优等生就行。可是，现代社会中，不是优等生就没办法进入好学校，进入好学校就必须去好大学，然后从好大学又必须去好公司，会让人觉得“本人很可怜”。不好的是社会制度，不解决这一点，处于一线的教师也无能为力。优秀的“名士们”的经验也很好，可是如果把这些“名士们”的提议原原本本地接受下来，首先家长们就会有意见。

学校的升学率变低，名声变差，结果就只能招到成绩稍差的学生，教师们的动力也不足，面对没有干劲儿的学生，没有干劲儿的教师只能表面上把没有学习气氛的课堂维持下去。

优秀的教师会被一流的学校“挖走”，晋升或者是出现辞掉学校的工作，活跃在补习班。偶然入学的优秀孩子，在学校时精神恍恍惚惚，放学之后在补习班努力学习。为了进入偏差值（日本人对学生智能、学力的一项计算公式值，被视作学生学习水平的正确反映）稍微高一点的学校，孩子也好，家长也好都拼了命似的干劲儿十足。

这难道不是现实吗？“名士们”，这样你们还会觉得“顽劣万岁”吗？优等生有什么不好的？

二、精英和凡人

再有，一般认为“优等生有什么不好”的人，他们的论据如下。

世上有“能干的孩子”和“不能干的孩子”两种。“能干的孩子”无论你让他干什么，他确实都能做得很好。“不能干的孩子”你让他做什么都做不好。前者作为精英出生，他的命运已经注定，就这么培养下去。与此相对，后者作为凡人出生，命运也注定了，也这么养育下去。现实中人们一般认为，让世界运转的是前者，支撑着世界的是后者。

也有人认为如果是这样的话，像学校教育这样在教室里一起上课，只要努力首先培养这些“让世界运转”的人就好了。

那么，如果说现实中让世界运转的“名士们”大家都是“考不上的家伙”怎么办？

在这些“名士们”的学生时代，究竟有几个人进入了他们所说的“高等学校”或者“大学”了呢？只是进了这些地方而已，他们已经是精英，是“能干的孩子”了。而且，如果不让这些孩子拼命用功，他们就成不了“名士”了吗？这是没人能通过试验进行判断的事情。他们本来就是即使贪玩也很能干的孩子。

对于学校来说，当然还是希望努力打造能学习的精英，其他的孩子只能很遗憾地作为凡人走下去了。不过话说回来，不论张三李四都想进入大学，所以这世界就会变得很奇怪。本来就应该只有优等生才能进入大学，这不也是一种选择吗？

三、教育是改变评价的行为

以上的议论不知道读者们会怎么想。或许有人并不赞同，认为这是多么过分的“粗暴的话”啊，或许也有人内心会同意“没错，是这样”。不过，无论是哪一种，既然你对“填鸭式”教育持批判态度，那么针对前面我故意准备的“粗暴的话”，你应该好好地准备一番反对的言论，否则很明显，它就只能成为单纯可贵的说教了。

我认为，解决这个问题的关键其实在于重新琢磨一下“评价”这个东西。

（一）只有人才能做到的评价

不管世界怎么机械化、自动化，所有的经营都能通过电脑来控制，但是“评价”这个词只属于人类的行为是无法机械化、自动化的。也就是说，只有“评价”是人做的工作，因为它是必须由人来完成的工作。

（二）评价的悖论

不过，所谓“评价”，一旦“评价方式”定了下来，就不用人管而是转向机械的理论了。它将变成被自动识别、被机械化处理的形式。本应该是人类来经营的评价，变成了机械的经营。未知的可能性被封锁，达成的只有明确知道的目标，朝着明确的目标所有东西都被固定化、单纯作业化、最佳化了。

（三）“不做评价”的评价

注意到了“评价的悖论”的教师，对评价感到害怕，有的人采取了这样的做法，他们不进行一切难以承担责任的评价。可这样并不能解决问题。这种“不做评价”反而会成为评价的对象，被世人责难。孩子也好家长也好，依然会为了在某处得到一个“评价”而东奔西走。

（四）对人的信赖

不过，在之前的议论中，讨论“优等生有什么不好的”时候，欠缺了一点。那就是对人的信赖。第一个论据是这样的，社会上的规则是如果不是优等生的话，就会陷入“本人很可怜”的状况中；第二个论据是，现实世界中分为精英和凡人，让世界运转的是精英，跟从在后面的是凡人，他们只要扮演好自己的角色就可以了。

可是，真的是这样吗？在此，我想回顾一下人类文化的历史。人类的文化演变不就是不断改变评价的行为吗？

人类有那样的能力，不是一定会变成那样吗？教育原本不就是让孩子也好，大人也好都能参与到这样的行为之中吗？

（五）真理总是会被评价的

现如今，我们需要的是恢复对人的信赖。换句话说，就是对可能性的信赖。就是赌一赌人类有“能改变评价”的可能性的勇气。

如果所谓的一流学校，以优秀的学生为对象，不仅是定下升学这种眼前的目标，还大胆地去尝试，为了让他们能作为真正的人，生机勃勃地生活下去，让他们体会到知识本来的喜悦、深度和广度。那么全力以赴的话，会怎样呢？

或许有人会说：“如果这样做的话，升学率降低，评价会变差。”可是，说不定升学率意外地不会降低。原本就优秀的孩子，即使让他们拼命学习，他们也拥有掌握真理的韧性。而且，即使是升学率一时降低了，也没什么不好的。真理是一定会在什么时候被评价的。本来在“巢穴”中的孩子，将作为精英在世上大放光彩，在各个领域绽放光芒，孩子成长为精英需花 20 年左右的时间，如果我们连这 20 年都等不了，怎么能称得上是在从事教育？

被人们称作“二流学校”“三流学校”的也一样。现在的教材内容可能没法被消化理解。可是，其中的一部分，让孩子尝试着花时间一点点去解决的话会怎样呢？或许能意外地有一些“秀才诸君”没注意到的新发现呢！

所谓的知识，就是从不明白“理所当然”的地方，意外发现新知识。像牛一样踏实地走路，用长远的目光来看，或许是一种真正的学习。即使升学率低，那些学会了学习方法的孩子们，无论进入怎样的社会，都一定能耀眼。对于他们本人来说这样是最好的，重要的是，为了这个世界，这样也是最好的。

我们并不需要将孩子作为凡人来养育。每一个孩子，都想尽其所能地照亮这个世界。为了让孩子们能成为带给周围人喜悦的对象，我认为应该大胆地去尝试一切激发他们可能性的教育。

真理迟早都会被人们理解，我们没有必要卑躬屈膝。

不管别人（今天）怎么评价，只要一直紧紧地盯着真理这个目标就好。

不能认为“因为这个世界是这样的，所以教育就要迎合它”。

正因为必须把这个世界变成这样，必须改变世界，才有了教育。

只要一个人开始了，大家就都会开始。那么，谁会成为最初的一个呢？

或许就是我们其中的每一个人。

第四节 如何挽救学力

一、评价·达成·传达

下面我将对学力一词包含的三个方面进行详细的论述。

1.学力一词，是参照某种基准评价每个孩子的能力时使用的词语。

2. 学力一词，着眼于作业的达成，就是孩子们“做某件事情时能完成多少”。

3. 学力一词，是基于一种将教育看作知识或技能的传达的思考方式。

像这样，我在凝视着“评价·达成·传达”这三个词时，浮现在我脑海里的是学力一词为什么会和学习没有关系，甚至是对立的关系呢？如果这么考虑的话，“学力”反而有可能成为“妨碍学习能力的外部力量”。这样好吗？那也太悲惨、太无可救药了吧。

原因在于，学习是一种基于孩子们自发地想学的行为，是在没有意识到他人的评价下进行的。而且，学习其本质是以理解事物为目标，并且在“作业的完成是理解的结果或者是副产品”这种想法之上成立的。还有就是，学习一词是人们在打算参与作为文化的知识经营时使用的。我认为它并不以知识或技能的传达为目的。

以下的论述，是在尝试从学习方面尽量地挽救学力。当然，对于学习中的自发性、重视理解、参与性这三点，我是不打算做出丝毫让步的。

“怎么挽救学力”这个题目，是通过两点展开的。一是如何评价学力所具有的对学习的妨碍性和对立性方面在学习这个行为中的位置；二是通过如何吸取、摒弃其否定性的一面，使其能发挥积极性作用，或许要寻找人们不抱希望的、苦肉计的路子来解决（哪怕稍有不慎弄错了，我也希望读者不要认为我很关心“如何拯救学力低下”的问题）。

二、作为文化实践的学力

将学力一词放在学校教育体制中思考的话，完全无可救药。面对“小学某年级学生，指导他们学会这样那样”，这种自上而下的要求，显示出他们能回答到什么程度的东西就是学力，这已经让人感到绝望了。

专家嚷嚷着“学力低下”，补习班里就流行着“掌握学力”，如果对此毫不批判反而肯定的话，孩子们学习具有的自发性、理解、参与性的方面不知道要被吹到哪儿去了（即使作为题目标榜的是让他们明白）。

在此，我提出的第一个建议是，将学力定位于文化实践（cultural practice）中。这里说的文化实践，指的是以下三个活动（以下的项目只要符合一个就可以了，当然，能包含全部更好）。

1. 文化价值的再生产

利用非常熟练的技能和必要的技术，再生产文化价值的活动。

2. 文化价值的创造和发现

变革文化的价值体系，时常创造新价值，将被遗忘的旧价值体系以新的观点出发、重新定位并再发现的文化活动。

3. 文化价值的理解和赞赏

把好的东西判断为“好的”，将其价值作为有价值的东西来接受。而且，要更加相互理解、相互赞赏这种理解和赞赏内容的丰富性和多样性。这种相互理解、赞赏（即便没有创造出新的成果）自身就被认为是文化活动。

可以认为，所谓的文化就是不断地进行以上列举的三个活动，一直在扩展、加深的价值的共有活动。这里所说的“文化价值”，它的文化的成员指的是所有“好的东西”，所以它必然是多样的、多元性的东西。

在实行这样的文化实践时，人们会自然而然地相互要求、相互期待，相互之间必定关联下去。

那么，将学力定位于文化实践之中，就是让孩子们参与到上述的文化实践中，可以看作对孩子们的“参与引导”。

学习，就是通过自发性理解，参与到文化实践中。此时，将学力看作是“引导孩子”参与到文化之中，是因为期待着孩子们将学力作为线索来学习，最终将其看成是作为文化的成员，参与文化实践的开端。

孩子最开始并没有清楚地看透学力是和文化实践联系在一起的。比如，学习“九九乘法表”。然而，通过学习（不仅仅是熟悉“九九乘法表”）渐渐地熟习“九九乘法表”这件事，他们能参与到一般由成年人进行的文化实践中，到那时他们能一点点地建立起联系。

将熟记“九九乘法表”，作为学力的一个评价项目，是因为考虑到我们期待孩子能发现学习和文化实践之间的关联，然后引导孩子朝着这个方向努力。

像这样，将学力看作是对学生参与文化实践的引导，在其后的教学活动中，我们必须要让每一个孩子参与到文化实践活动中来。如果将“九九乘法表”的指导仅仅作为以熟悉它为目标来进行的话，这不能算作是对文化实践的引导。九九乘法演算如何展示了它和很多文化实践（这包括数学的整合性的理解和赞赏）的关联呢？在我们不断地引导学生参与这样的活动时，学力和学习能力并不矛盾。

学生在教师的文化实践的引导下学习，或在全无“引导”的状态下单纯地被要求学习，这两种学习方式之间有很大的差距。

当然，孩子们一开始并没有完全理解“九九乘法表”的文化意义。不过，在能够流利地背诵“九九乘法表”之前，认为必须要学会“九九乘法表”，认为它是加入文化实践者的条件的孩子，他们是通过自发性地熟悉“九九乘法表”，通过理解，作为参与在学习。

在家里的时候，当孩子站在一旁看母亲记账，或是在店里买东西的时候看店员计算时，就间接地关联到了“九九乘法表”的文化实践，进而学习和理解。

挽救学力，就是要重新找回与这样的文化实践之间的联系。

三、重新思考何谓“熟练”

挽救学力的第一张处方，我建议重新思考“熟练”的概念。

常年研究珠算或心算的专家波多野谊余夫指出，熟练者分两种：第一种是定型性熟练者，第二种是适应性熟练者。

定型性熟练者，就像很多的珠算达人那样，对于给出的课题，按照字面意思反射性地，以一种连思考的意识都没有产生的速度正确地解题，但是他们几乎无法将在此获得的技能用于其他的作业当中。与此相对，适应性熟练者，他们把握了技能背后的某种概念的意义，对于哪怕表面看起来不同的状况，也能重新组合自己的技能，并很快地适应。

波多野谊余夫在此强调的是，定型性和适应性的区别是熟悉过程中路线的不同，并不一定是应该熟练的课题或作业的不同。那么，按我的理解可作如下解释（以下是以我个人的思考为基础的，可能解释得有些牵强）。

在熟练某项作业的过程中，我们学习的是应该关注什么东西，或者应该以怎样的步骤进行思考。这时候，完全丢弃对无关的事物的注意，只关注最需要注意的东西，完全不被其他的思维方式或是其他的步骤所迷惑，像这样熟练下去，人就会成为定型性熟练者。

也就是说，人会变得“尽量不去思考其他的东西”。这种情况下，作业状况保持恒定，课题的提示样式也不要变为好。需要与以往一样的条件，提示与以往一样形式的课题。“注意力不要分散到没用的事情上，不要思考没用的东西”，自己也小心地生活，用和往常一样的模式行动。

与此相对，成为适应性熟练者的过程如下。

他们会注意作业顺序的目的和制约条件，敏锐地看透特定作业顺序的目的性和机能性。把课题状况还原为概念性的模型，熟习脑海里这个概念模型的变形或者操作，熟习理解各个步骤并学会思考。支撑定型性熟练者的是“正确答案”，是得到“正确答案”的时间的缩短，是效率，而支撑适应性熟练者的是对事物和操作的理解性，是“能很好地完成”，“确实如此”，“这样的话确实是真的”的真实感受。或者反过来看，能够快速敏锐地判断“这样做不好”，“这种事没有意义”，“不适用于这种情况”，“这看起来觉得是假的”等，就是适应性熟练者。监控真实性、一惯性，符合目的性、机能性的时候，适应性熟练者变得十分敏锐。

那么，挽救学力的第二个处方，我认为是引导学生将学力转变为从文化方面而来的适应性熟练。这强调的是，引导学生参与到文化价值的创造和发现、文化价值的理解和赞赏当中。不要只偏向于文化价值再生产的效率化。

如果我们只强调文化价值再生产的效率化，可能会将学生变成单纯的“机械齿轮”。即使他们能作为工作的分担者加入进去，也并不是真正意义上的“参与”。只要能做到和参与文化价值的创造和发现、理解和赞赏并行前进，也就是说，在发现、理解、接纳事物的意义中，自发性地接受承担工作，才是真正意义上的“参与”。

如果人们将学力的评价看作是通过“正确答案的数量”来进行的，就无法做到区别定型性熟练和适应性熟练。甚至可以说，这反而会导致孩子们形成定型性熟练的结果。

可是，对于多大程度上理解了事物的评价，认真地尝试思考其实并不是多么困难的事。工作在一线的教师们，应该能看得出教室里的孩子谁是“真正明白了”，谁是“单纯地能很好地完成”。

也就是说，我们要忘掉所谓的“学力测定”，应该“真正地去理解”。换言之，就是更多地引导学生达到适应性熟练，这便是挽救学力的第二个处方。

四、“学力”存在吗

细心的读者会发现，标题二中将“学力”定位于文化实践的内容，与标题三中适应性熟练的内容，这两部分内容之间关于“学力”存在的主体有一定偏差。就是说，前者提到的“学力”存在于文化之中，而后者提到的“学力”存在于每一个孩子的身上。前者从文化实践角度引出应该把什么内容定位在“学力”上，并主张应该引导孩子们进行文化实践。而后者立足于每一个孩子的学习过程，主张学生应该熟练掌握“适应性”。那么，“学力”到底是存在于文化之中，还是存在于学习者的头脑之中呢?

对于这个问题，我的回答很简单。“学力”既不存在于文化之中，也不存在于学习者的头脑之中。甚至可以说，它不存在于任何地方。之所以能得出这样的答案原因如下：

首先，我想否定“学力存在于我们的文化之中”的想法。

在我们的文化结构中，确确实实存在着知识体系。数学有数学体系，物理学有物理学体系，这些体系构成了我们自身的一部分文化。我十分反对将这些文化知识体系传授给孩子，并将它确定为“学力”。原因正如前文所述，文化活动就是知识体系的再生产和再创造，还包括理解和赞赏。我相信教育不是传递文化遗产，而是引导学生参加文化活动。我们不仅要教授学生“1+1=2”这个数学知识，而且应该让他们理解“1+1=2”这个事实的意义，并且让他们理解和赞赏这个事实的伟大和巧妙。包括教师在内的成年人在从事这样的文化活动时对身边的孩子们进行引导："看，数学多么奇妙啊！"我认为这样的行为才是教育。并且，孩子们在心里理解和赞赏"1+1=2"，并理解和赞赏使用"1+1=2"的行为，只有这样才可称之为教育，这才是文化实践本身。

这些所谓的"引导"并不是以自身为目的的，它作为文化实践活动的一部分自然而然地融入其中。将文化知识体系的一部分加入"应该养成的学力"列表，再将它传授给学生，这种行为不是让孩子参与文化活动，而是使孩子与文化脱离、隔绝，成了一种"技术学习"。这不是"引导"，而是"要求"了。我不想将学力想成这样的东西，因此我不认为学力存在于文化之中。

其次，我想否定"学力存在于学习者的头脑之中"的想法。

我们能把学力当作孩子头脑中拥有的能力，并将它看作孩子自身拥有的东西吗？我认为并非如此。孩子表现出来的能力是在响应文化引导的过程中发挥出来的。自发参加文化活动时，孩子的能力才会得到展现。有些孩子的能力能在普通的学校教育中或普通的教室中得到展现，但也有孩子在这样的场合下能力不能完全得到展现，而必须等到出入社会，或在现实生活中与他人协同合作之时。在文化引导和自发参加文化活动的碰撞中，孩子们所表现出来的东西就是所谓的"能力"或"学力"。

我说过孩子应该成为适应性熟练者。这里说的"适应性"是指一种倾向（intellectual disposition）。它不是通过考试等显现出来的性质，而是表示"知道了"或"明白了"之类的状态。它指的是本人觉得"确实如此"的状态、感觉"太妙了"的状态、理解了"这样做果然没错"的状态。然而，这样的状态并不是经常存在于本人的头脑中的，而是在适当的情况下，在响应外部推动作用（引导）时才出现的，它是切合一个个求知活动内容而产生的。

将孩子的头脑中由文化引导而产生的智力倾向认为是作为学习活动基础的“学力”，那么这样的“学力”就脱离了文化实践，孩子头脑中获得的东西都是我们个人的错觉。在学校的测试中显现出来的智力倾向，也许摆在现实场景下毫无作用。

那么，“学力”到底是什么呢？“学力”在哪里呢？

我的回答是这样的。所谓“学力”，只不过是引导每一个学生进行文化实践活动的媒介——教师的头脑中假想出来的东西。也可以这样说，“学力”作为教师头脑中的“假说”而存在，教师就是引导文化实践的媒介，“学力”不具有真实性，我不认为它是存在于文化或孩子头脑中的实体。这就是我的观点。

教师自身也应该参加文化实践，这在引导孩子参加文化活动时会起到一定实际作用。因此，我们必须要思考，让哪些孩子参加什么活动才能使他们自发地带着理解和赞赏投入其中。对每一个孩子，以什么方式，如何引导才能产生实际效果，教师必须确定这样一个目标，才能决定对每一个孩子该采用的引导类型和教学活动。教师在有条件地思考“一定还存在着更优秀的能力”，因此才会出现“姑且假想出‘学力’一词来推动一下吧”，教师在这样思考时就需要“学力”的假说。

我想方设法“挽救学力”的尝试在此告一段落。

除了上述内容我没有什么再想表达的了，我觉得也不应该再表达了。“学力”既不是存在于孩子头脑中的实体，也不是文化（科学知识体系）的一部分。教师在引导每一个学生进行文化实践活动时认为“学力”很实用，在作为媒介的教师的头脑中，在寻找教学活动的实践手段时必须先做出“确实能引导出学生更优秀的能力”的姿态，所以他们为学生“假想”出了“学力”。

现在，我们必须要做的是，停止将“学力”当作实体来考虑，停止测定和评价“学力”的行为。教师和学生不是通过评价来交流的，应该引导学生们共同参与文化实践。

第五节 学习的基础是什么

一、“基础都没掌握”

“简直连基础都没掌握。”

“只要牢牢掌握基础……”

“在学校学习基础，进入社会学习应用。”

“基础性知识都不会还能会什么呢？”

在日常生活中，我们经常提到“基础”或“基础性”等词语。但是，我在各种场合被问及“那‘基础’到底指什么呢？”的问题时，竟然无言以对，只好勉为其难地回答说：“基础就是指‘基础性’的东西。”

让我们来思考一下，所谓的“基础性”知识具有什么样的性质呢？“基础性知识”一般有下列特点。

1. 在概念或操作上比较简单。

2. 尽管如此，但这种概念或操作是学习其他众多概念和操作的必要“前提”。

3. 通过这种“基础性”知识的叠加、组合，可以很容易地解决现实中的各种“复杂”的问题。

我们都不自觉地会拥有下面的这种预想（或期待）。即世界上存在某种“简单”的、基本性（elemental，elementary）的东西，对于人们觉得复杂的概念或操作，究其根源也不过是基本要素（element）的组合。此外，无论在任何场合，面对任何问题，我们只要掌握了少数“要素性的”概念和操作，就可以通过基本要素的组合轻易地解决问题。

我将这种思考方式——知识是由少数简单“要素”组合构成的观点——称为“还原主义认识观”。

我们有时批评孩子“连基础知识都不会”，我们批评的是这个孩子没有掌握极其简单、初级的“要素”，因为基础的欠缺会妨碍他们对其他知识的学习。

二、“不知道何谓基础”

假设我们问一位数学研究者：“代数的基础是什么？”

如果这位数学研究者是一个崇尚严谨之人，他也许会这样回答我们。

你是在问我“学习代数的基础是什么”这个问题呢，还是在问我“代数学体系中什么是最基础的东西”呢？如果是前者，就是说问我“学习代数应该从什么知识入手”这个问题的话，那么我不是教育学家因此只能回答“不知道”。如果一定要让我回答的话，我只能讲讲我自身接受教育时的经验，只能列举一个实例告诉你“我就是这样学习代数的”。

如果是后者，就是说你问我“代数学体系中什么是最基础的东西”，实话实说这个问题我也只能回答“不知道”。这个问题必须要研究已知的各种代数学操作前提正当化的根据是什么，一旦研究起来就会变成群论，会陷入庞大的、未知的世界。

或者，当我们研究“数”的性质，也会深入到集合论或相位解析学的深度。在过去几百年的时间里，有无数的天才数学家倾注心力钻研代数的基础，穷尽了人类智慧。未知的世界渐渐扩大，事物逐渐变得复杂，体系本身也在不断变化。对像我一样的数学研究者提问：“代数的基础是什么？”我无法给出答案。

回到原来的话题，进入我研究室里的大学生和研究生的理解能力并不强，人们觉得理所当然的事他们却不明白，但对那些“应该难以理解”的难点他们反而当作十分简单、“已经明白”的东西来对待，这使我非常困扰。如果你是教育专家那我来问问你，为了学好代数到底应该从何入手，如何学习呢？

三、知识能还原为“要素”吗

我将我的观点做了如下整理。

最初，我们认为世界上的知识是由某些“基础的”、简单的少数“要素”组合构成。因此，为了弄清楚这些“知识的构成要素”是什么，我们去询问数学研究者，反而陷入了被反问的窘境。有助于获取知识的“基础”，与知识本身的“前提”和“根据”的基础，或者与作为一个知识体系演绎根源的“基础”都是完全不同的——至少它们在理论上没有联系。

有人说：“作为教育者你应该最清楚获取知识的基础是什么，你来教教我吧。”我只能回答：“我不明白知识的基础是什么。”提问者追问道：“你是数学专家，都不知道代数的基础是什么吗？”此时我只能回答：“现在我了解的就是这样的内容。”从伽罗瓦群论开始到若尔当定理和皮亚诺公理，从同源理论、环论和理想（在环论中，理想是抽象代数中的一个概念）到哥德尔定理，可以花费数小时来谈论这些莫名其妙的内容。最终对方问：“那到底是什么啊？”我只能回答：“我明白了我还有很多‘不知道的东西’。”

对方仿佛被狐狸迷住心窍一样，已经准备辞行了还是放不下这个问题，临别之际又问道：“老师，数学的加减乘除四则运算不是‘基础’吗？”我一针见血地回答：“我作为数学研究者，在过去的 20 年间从没有过离开四则运算不行的经历。只有在商店买东西时才会用到它。”

虽然不清楚上一个问题的答案，但我明白一点：知识不是搭积木。存在简单的“要素”或由简单要素组合构成知识，这都是彻头彻尾的梦想而已。

知识本身不存在可以分离的“要素”。它不是在“地基”或“根基”上盖成的房子，而是各种命题相互结合、彼此牵扯而产生的巨大的网。知识构造中不存在何谓“基础”，何谓“应用”之分。即使二者有区别，那也是我们在研究基础时，作为权宜手段以某些“已知事实”为基础观察，从中能得到什么结论，了解了什么问题，我们只是在研究问题时才会对二者加以区分。

作为追求知识时的权宜手段，我们会将某些东西称为“基础”，将从中得到的成果和了解到的问题叫作“应用”。我们将知识网中的一个个要素提取出来，分别调查它是由哪些命题和事实“支撑的”，最终，所有要素都被抽取出来，漫无边际地扩展、加深。

知识本身没有“基础”和“应用”之分。如果没有“根基”和“边缘”之分，“地基”和“地基上面构成的建筑”就没有区别。某些东西会无限延伸，成为一张看不见边际的巨大的网，到处蔓延，互相缠绕。

四、基础是追求知识的手段

那么，作为教育专家的我们在被数学研究者反问“掌握知识的基础是什么”时，我们有义务诚实地、真诚地回答。我们应该摒弃知识可以还原为基础性要素的“还原主义知识观”，应该树立承认网状知识的“网络性知识观”。我们必须思考自己应该如何从茫茫知识网络中获得知识。

正如前文所言，“基础”不存在于知识体系之中，它只是我们在“追求知识”的行为过程中设定的一时的权宜手段。因此，将什么称为“基础”，或将什么称为“基础性”，在理论上完全是自由的。

“连基础都不明白”这句话更严密的说法是“我（教师）暂且看作是‘基础’的事物，这个孩子却并不认同”。

有人将四则运算看作“基础”，是由于“传授”的知识都是在博大的数学知识体系中能用四则运算的组合来解释的范围内的东西。在暂时划分出来的范围内，通常先以四则运算为基础进行教学，然后再教给学生“应用”它来解决复杂的问题。

在日本，教师教“单用四则运算就能推理出的体系”时，用其他途径也能达成。例如，在小学中只学习群论和集合论的基础，从头至尾学习映射和函数的概念，以及演算概念。关于“数”的概念，中学才开始有数论的基础。教给学生的也不是实质上的“数”，而只教他们数的性质、无限小和无限大、实数与有理数和整数的区别等等。进入高中后，教师开始“应用”学过的知识，让学生背诵“九九乘法表”，并导入加法、减法、除法的算法，开始教他们一些应用题。

如此说来，“……是基础，因此在小学阶段应该重点教授”的主张，就是提议“以……为基础，小学阶段应该先从它教起”。这就像一个既定方针，“不，它只是边缘内容，真正的基础应该是……”类似这种反驳必然会导致无休止的争论。基础不存在真假之分，因为它只是权宜的规定。

五、对基础不断地提问

那么，我们到底应该将什么看作“基础”呢？确定“何谓基础”，对后续学习,即对更容易地进行求知探索和知识广度的延伸有一定作用。

首先谈谈我个人的建议，我认为的“应该视为基础”的条件如下：

1. 在茫茫知识网络中，凭借我们的（或孩子们的）直接经验能轻易确定的知识。

2. 了解了这个知识，就可以引导出许多新知识（能成为经验的形象化的知识），就可以阐明许多未知的事物。了解了这个知识有助于唤起新的疑问，这些质疑能引出更广泛深入的知识。

3. 知识本身有价值、有意义，“值得去了解”。

能被称为“基础”的事物未必是“单纯而容易的事物”。反而有可能是内容具有深刻意义，拥有能从多角度引出发展性“问题”的、内容丰富且十分“复杂的”东西。

外国人在说明某个问题时经常会反问“So what?”字面上的意思就是“那又会怎么样呢？”他们不满足于单纯对事实和观察的描述，还要寻求事物的意义和它应该延伸出的疑问。

我们在被问“So what?”而无言以对之时，至少应该避免用“简单易懂”这样的理由来看待“基础性”。

有人说“死记硬背”要不得。只有学习方法和思维方法才是基础，而背诵却不是。但是在学习方法和思维方法中也有很多“必须背诵的东西”。

如果是值得了解的事物，或者了解它可以引出很多又好又新的问题，那么完全没必要放弃“背诵”。

对于值得了解的事物，我们应该彻底深入地、认真地去了解。

第四章 学会自我学习

第一节　学会学习

一、学会学习

垫底、犯罪、欺凌、自杀……日本现在几乎每天都在报道孩子们身处的“水深火热”，然而成年人看到这些却仅仅皱着眉头表示反感，想到自家的孩子没有遇到这样的问题便稍稍宽心，然后又愤慨怒斥：“现在的教育怎么了？！”

的确，如今日本教育荒废的现象无法让人直视，更令人困扰的是大家都搞不清楚原因到底是什么。有人站出来说其原因多种多样：如应试体制、家庭破裂、金钱至上主义、歧视、包揽主义等。但细细思考，上述原因不过是深层的东西所反映出的一些现象而已。总之，普遍认为目前的教育形势不是靠任课教师痛下决心、孩子家长有所行动就能扭转的。

人们只能陷入绝望当中。确实想要从某些地方开始改变，但又不清楚从哪里做起才好。这就是拙文在本节要讨论的主题——人的学习。

在研究教育问题的时候，将心比心是最重要的。想象自己就是那个“垫底的”“犯罪的”“被欺凌”的孩子，对孩子的痛苦感同身受，由此开始新的“改革”行动。当笔者开始这样做的时候，忽然想到我们往往对那些无处不在的学习有不少误解。于是我们对学习的误解转化成了对孩子的误解，而孩子也会对自己的学习产生误解。

小孩子在学习，可是我们成年人也在学习。我们首先需要思索的是真正的学习到底是什么，从而找出导致孩子们处于“水深火热”的真正原因，同时，这个原因也影响了我们成年人。

二、学习的视角

可能一说到学习读者们马上就会联想到学校的功课。但请再想想，漫长的人生当中在学校学习的时间非常短暂，甚至可以说大多数知识都是从学校之外学习到的。人们都是在生活中通过接触社会、文化，与人交流来自我学习。请回想一下，当你想到“哎，我学到了一招”是在什么样的时候，又是在怎样的情境，再拿它与现在孩子们在学校学习的情境两相比较，就会发现这两者根本就没有可比性。

第一，在我们日常生活的学习里，不会有教师在一旁教你。学什么，怎么学全靠自己决定，选择一些东西来学是因为自己觉得这件事很有意思，或学了它对自己有益，而不是因为有人提醒你“这个要记下来”，或者“回去做这个练习”才去学习的。然而，我们为什么可以判断出什么是有意思或有益的呢？那是因为我们处于人与人之间相互支撑，共同参加文化创造活动的社会与文化之中，而不是与社会脱节的学校里。做出有意思或有益的判断不是出于个人恣意的想法，而是出于迎合身边其他的志同道合的人，在社会中发挥作用的想法，站在我们的立场上做出有意思或有益的判断。

第二，在我们日常生活的学习里，是通过自我理解的过程来验证知识是否正确。

一方面，在学校里是通过其他人的判定、评价来验证知识是否正确。如果教师说你错了，那就是你有错，理解是没有意义的，即使心存疑惑也无济于事。在学校中，教师是真理的象征，他们展示给学生们正确的知识，要求学生们掌握那些知识，并评定学生们对知识的掌握程度。

另一方面，在日常生活里只能依靠自己来判断知识是否正确。需要自己思考、理解、接受，与自己的经验比对验证，弄明白生活中一些事怎么做就能顺利，并接纳这些知识。而这也不是出于个人恣意的想法，而是因为你是群体的一分子，和大家“想到一起了”。在与人交往的社会实践当中，你会明白怎么做是正确的，怎么做是“考虑到大局”的。那是因为你很清楚你的知识和其他人的知识有交集，你也很清楚事情会往这样那样的方向变化，你会知道什么样的知识是正确的。如果你试着具体地设定各种各样的场景、状况，或者在实际生活中试一试，就自然会感知到这么做的确没错。而这些东西是脱离社会的，是有着条条框框约束的，也是学校所不能给予的。

第三，在社会和文化中，知识常常是不断变化的。尽管知识很少会被彻底否定或被彻底推翻，但它会发展得越来越完善。同时，在我们的学习当中也要包含这样一个最本质的重新寻问的过程，即不断地问自己“这么做行吗？”学习的本质不是积累多少知识，而是重新寻问前提条件，尝试改变自己的观点。

学校的功课则是让孩子根据教学计划系统地学习知识，很少让孩子返回原点重新寻问。教师问：“明白了吗？”孩子就回答：“明白了。”然后再接着讲下一个知识。教师不会允许孩子重复问问题，一开始是“要求听懂”，到后来就是“必须要听懂”。即使孩子问了“这么做可行吗？”或者“前提条件好像有些奇怪。”教师也会告诉孩子：“这不是小孩子该想的问题。”然后不让孩子深究下去。

于是，在日常生活中通过接触社会与文化学习到的知识，与在学校的功课之间有着一条显而易见的鸿沟。这样下去孩子们仅仅掌握了在学校范围内的学习能力，却不知道什么是真正的学习。眼前只有不切实际的、空洞的知识，学习必定索然无味。

三、学习是相互促进的活动

日本前职业棒球投手桑田真澄先生曾经提到他还在PL学园上学的

时候，荣获夏季甲子园棒球联赛冠军的故事。当时他说了这样一番内涵深刻的话，让人心生敬佩。

“我想，能走到今天这一步是因为有清原在。而清原能把棒球坚持到现在也是因为有我在。和清原做朋友我很高兴。”

听了这番话，人们纷纷为之感动，赞叹这般真挚的态度正是青少年该有的风采。但是大家是否留意到，其实桑田真澄这一番话本就是发自肺腑的一句大实话。

人们普遍认为才能是人自身特有的属性，但事实上并非如此。才能不外乎是在个体与周围人的相处中，在身处的社会和文化的交流中作为一种形式而表现出的状态。

如果把能力定义为是孩子与父母、教师，乃至与社会合力工作而产生的状态，那么接下来就可以搞清楚很多事情了。

请先回顾一下前面所阐述的学习的定义。

第一，前面讲过学习并不是教师灌输的行为，而是学习者认为在其身处的社会中，该事物是有意思，或有益的。显然，这正是个体与社会合力工作而产生的状态。

第二，前面提到需要有一个理解的过程来验证知识是否正确，而这也不是出于个人恣意的想法，而是在与人交往和社会实践中认识到有很多事是必须要这么做的。

第三，前面说过学习常常会有变化和发展。在学习中重新进行寻问，也还是在社会和文化的交流中改变自己的观点，重新认识前提条件的行为。由此可知，这仍然不是出于个人恣意的想法，而是因为个体在与社会、与周围的人合力工作着。

当我们培养孩子时，常说要“调动出他的能力”。但事实上并非如此，你不妨试着这样看教育：要与孩子携起手来，构建一个让他爱上学习的环境。

这样一来，也会改变你对个体差异或个性的看法。在合力工作中我们尽力配合别人，根据别人的学习改变自身，这是正常的。但是对孩子做得不好的地方视而不见，说什么“孩子数学不行，但是文科不错”，或者“孩子学习成绩不好，但是性格很好”，这就是过于草率的结论了。

在教育中重要的事情是，成人如何对待孩子想要学习的东西，能否进一步挖掘孩子想要学习的东西，把它变为与他人合力完成的工作。“教育的课题”正是成人与社会能在多大程度上与孩子携起手来，挖掘他们想要学习的东西，把孩子们的学习发展，筑造为更了不起的、更美好的、更真实的合力工作。

不管对于孩子来说，还是对于成年人（教师、家长或周围其他的人）来说，学习都是一种合力工作。这是因为成年人很需要，也很有必要和孩子一起重新寻问，否定自己曾认同的事情，再一次回归原点。

越是教学经验丰富的、优秀的教师越会说：“教学相长，孩子们常常教会我很多东西。”这和桑田真澄所说的话一样，句句真切。优秀的教师要随着孩子的状态改变自身状态，而优秀的孩子则要在优秀教师的熏陶下成长，可以说这两句话是同等真切的。同时也可以由此判断孩子是否接受了良好的教育。做教师的需要思考自己从孩子那里学到了多少，有没有在和孩子一起学习。如果您给出的答案是“我在教孩子，但没有从孩子那儿学习到什么”的话，您就该反思反思，自己的教育方法和真正的教育到底差在哪里。

四、阻碍学习的因素

我们周围有很多东西阻碍了我们先前所说过的学习。一句话概括，这些东西拒绝了我们想要“弄懂”的意愿。即使我们愿意和孩子一起弄懂学习，愿意再次弄懂学习，但这些东西会阻碍我们，让我们“弄不懂”

学习。

首先，在科学技术高度发达的社会中，大量技术正在走向“黑箱化”。我们身边的事物变得越来越复杂，有些东西外行拿过来看，根本就是一头雾水。虽然知道每个按键会有各不相同的功能，但我们无法了解它起作用的原理，不，就连这些功能是否真的有需要、有必要存在的问题它也根本不给我们机会思考。

当你看到一些类似“最新技术成果”“电脑帮你打理一切”的广告语时，只能顺着它的思路想“是吗？这可真了不起”。外行想要修理机器的一点小小的故障，反而会搞砸了，最后只好求助专家。因为不明“所以然”，所以面对“黑箱化”人们只有一味感叹“技术所带来的恩惠”——机器有这个功能，还有那个功能，可方便了，可厉害了……但是普通人只能按照说明书的指示进行操作，只能被动地接受这样的“恩惠”。在这种情况下学习行为被无情地拒之门外。

只有放弃“弄懂”才能得到的“恩惠”并不是真正的恩惠。我们不应追求“便利性”，而应追求“弄懂”。科技工作者应该懂得这个道理。当前日本整个技术社会应该转型研发通俗易懂的技术，不过并不是使技术本身的内容在“技术层面上”通俗易懂。

我的意思是我们需要了解：特定的“技术”的前提条件是什么，它的极限是什么，为什么要重视它的各种功能，如果没有遵从它的指示会产生怎样的结果。在此基础之上，我们还要了解技术会对人类全部生活、对社会和自然乃至整个世界产生怎样的影响。一言以蔽之，技术的构成应该让人们有方可循，有法可“学”。

我们的日常生活在渐渐地走向“程序化（手动化）”，而学习也渐渐变得“程序化”了。所谓成功人士就是玩得转各种装置，找得着各种操作程序的窍门，能抓到点子上的人。现在在生活当中，遇事你必须领悟得要比其他人快，你必须操作要比别人更娴熟。这种一点就透的能力不光应试教育需要，如今充斥我们生活中各个方面的“机械”（全部具有机器特点的事物）也是很需要的。

这里所说的“掌握”，并不是真正意义上的学习，更像是机器人一般遵从某个事物的指示。也就是说人们越来越像机器人了。有时，哪怕是有一点点的噪声，机器人也会把它当作“正确的信号”看待，并忠实地处理它，最后机器人会失控，会突然撞击人类，破坏其他物品。在人类看来机器人是失控的，但在机器人看来它不过是忠实地遵从“信号”罢了。机器人无法辨别什么是噪声，什么是信号，什么举足轻重，什么无足轻重。机器人只是在“遵从程序”。

而现在，孩子们“失控”了。因为在信息泛滥的社会中他们分不清什么是真正的“信号”，什么是“噪声”，只是单纯地遵从并处理他们接收到的信息。

再想想，近代技术是让经过特定训练的一小部分技术工作者“弄懂”之后，再往前发展的。这使得对本质意义的重新审问被拒之门外，就像教师不让学生深究“已经弄懂的事情”，而且那些专业术语只有技术工作者搞得懂，外行是无法踏进那个不断“向前”发展的世界的。

如果有人想要“弄懂”，就给他看“程序”，看“手册”，向他做一些“简单易懂”的说明。这和让机器人了解指示，不要产生有误动作是一个道理。人们循规蹈矩，小孩子们也有样学样。而如今孩子们“失控”了。原因很简单：被看作机器人的小孩子最终变成了“机器人”。

学风回归意味着整个社会转化为学习社会。这需要我们每一个人从“再次学习”开始做起。

第二节 探索自学的教育意义

——能够自学的人(一)

一、自学这件事

独自学习即“自学”，到底是怎么一回事呢？

我们教师教育孩子，目的是为了让孩子在结束学校教育之后也能“继续自学下去”。也就是说，教育的目的正是培养孩子，让孩子即便没有家长和教师的帮助，也能通过自己的思考和判断进行自我启发。

上述观点的确言之有理，但现在我们得试着再转换一个角度，重新思考。

人在学习某事物的时候，仅靠自学就可以做到吗？

不论多么出色的天才，究其一生也不可能有完完全全的自学，其中必定会有许许多多的“其他人”介入其中。

首先，人会受到父母的影响。其次，会受到兄弟姐妹、朋友的影响。就算是爱迪生，虽然他仅接受了几个月的小学教育，但其身后也必定会有支持、鼓励、帮助他研究与生活的“看不见的教师”。

抑或是对博览群书的人士来说，那些书的“作者”也算是“其他人”，必定会受到来自“其他人”的影响。

也就是说，从本质上看学习这种人类行为和“其他人”紧密相关；学习也不是一个人就能做好的。

那么，我们先前所述的“教育的目的正是培养孩子独自学习”，又是怎么一回事呢？

人是不可能“一个人”学习的。但另一方面，教育的目标则是培养“能自学的人”。本节的目标是解开这种说法的“矛盾（paradox）”。

二、自学的分类

请试想一下，一般你会在什么情况下说：“这个孩子（或这个人）在‘一个人’学习呢？”

（一）婴幼儿

在不知不觉间，孩子会说话了，孩子开始自己走路了，孩子自己学会了许许多多的技能了，我们常常会说“孩子‘自立’了”，或是“孩子自己就学会了这些东西”。

在这种情况下，孩子们并不完全是“自己”就学会了说话、走路，而是因为有身边的“大人们”兴奋地、滔滔不绝地在推动着，孩子才学会了这些。

（二）爱迪生

爱迪生只有 3 个月的小学学习经历，可以说，他所有的伟大发明都是他自学的产物了。那么如前所述，在这种情况下，他身边会有父母、朋友和“看不见的教师”的帮助，也有书做参考，因此这也不能算是自学。

（三）旁听生

有位大学教师鼓励他的学生们做“旁听生”，即不要被自己的专业和学校所束缚，让学生们自己寻求他们的“教师”，参加其他大学的课程和讲座，以提升他们的学习兴趣。

这一观点是对是错姑且不论，但如果真的有像这样的在各大学中“到处奔走”的学生存在的话，那么说他是“自学下来的”也不算错误。尽管在这种情况下，他有“教师”，也接受了完整的“大学教育”。

（四）无线电爱好者

下面说件关于我个人的事。我从上小学的时候开始就热衷于钻研各方面的东西。那时，我常埋头阅读岩波书店出版的“科学学校”系列图书，还很热衷于书里面列出的各种物理和化学实验，我也很喜欢该系列中的《宇宙知识》和《地球的诞生》，自己还曾用透镜、厚纸板和方木块做天体望远镜。

上初中的时候，我又热衷于制作无线电广播，为拿到无线电技术证书而孜孜不倦地自学电子电路理论。

现在回想一下，我的少年时代常常被很多东西所吸引，掌握的知识很少是“在学校里学到的”，而大部分都是自学的。现代也有很多小学生、初中生是“自学爱好者”，像铁路爱好者、无线电爱好者、昆虫爱好者等等。最近还有很多小小电脑技术爱好者，他们自己研究掌握到的知识甚至比有些专业的大学生还要丰富，这当然也是自学的其中一种。

三、什么是自学

观察上述例子，可以发现他们之间的共同点。

即学习者完全有自由选择“学什么”；学习者完全有自由选择“怎么学”，也就是说通过什么样的方法学习；在“学什么”中，“所选择的学习目标”是从教育领域的角度来看“值得期待”的；同样的，在“怎么学”中，学习者通过自己的判断和选择而采取的方法是“有效的”（有成效的、有效率的），其学习的成果丝毫不逊色于其他的教育机会（如有系统的学校教育）。

（一）可自由选择学习目标

如果你可以做到“主动”选择你的学习目标，说明你有着近乎贪婪的求知欲。

然而值得思考的是，像这样的求知欲是如何被激发和培养出来的呢？很多小孩子一经成年人的指点，做什么都很出色，但要问他“你自己想学什么呢？”时，他便马上不知所措了。所以，想要培养“能主动选择学习目标”的孩子，仅仅在口头上说说“有必要培养有旺盛求知欲的孩子”是不够的。

也就是说，我们要去思考“为什么有的孩子求知欲很强，而有的孩子却缺少求知欲呢？”“如何培养孩子的求知欲呢？”

（二）可自由选择学习方法

如果你不去主动寻找、筛选那些推进知识探索的方法，哪怕求知欲再强烈，好奇心最终也将枯萎。

那么要如何培养“能自己选择学习方法”的孩子呢？

不管是怎样的学习，都应该有它的顺序，或者说是“看法”，又或者可以说不管是怎样的学习，都应该有一种“处于中枢的核心概念”。一旦对它理解有误，即便你呕心沥血地努力自学，到头来还是在原地兜圈子，或者说，往错误的地方白费气力。

所以，我们必须学会判断“学习这个东西要从哪里下手”或“把哪里作为学习要点”。在面向一个未知的世界时（至少对学习者来说是这样的），你不要听其他人为你下达的指示，在这里靠的是一种“直觉”，需要靠你自己摸索。

（三）学习目标应有妥当性

尽管可以自由选择学习目标，但假设你满脑子全是“怎么偷东西能不被别人发现”，“怎么骗人”，对这些东西有强烈的“求知欲”的话，这首先就不符合教育性，不管你为此怎么自学，这也绝不是“从教育原点出发的自学”。

也就是说，即使学习者的选择完全出于自愿，其“目标”也一定要是善良的，必须是“值得期待的事物”，并且需要培养人具有能力发掘自己的善良和值得期待的部分，而且要培养真心实意追求学问的人。现在的教育问题就在于是否能找到一个好的实现措施。

（四）学习方法应有有效性

很多自学者的学习方法常陷入一种误区，那就是即便自己正在采取的学习方法效率极低，浪费精力极多，跑偏现象极其严重，当事人也完全意识不到，还在原地打转。

我自己就有很长时间坚持按照“那种做法”学习。那时我一味“坚持”自己，还带着一种不知道打哪儿来的谜之自信。那时我的心是封锁住了的，不管别人怎么劝我都听不进去。同时我还收集了大量的资料，那些调查研究的数据堆积如山，收集了那么多，却没有任何的学术价值，并且不论想法有多优秀，理论有多丰富，如果不知道如何把它正确地、具体地验证、扩充、应用、实现的话，那论文和废纸团没什么区别。

四、自学的“可怕之处”

下一节我们将深入挖掘先前所述的几个问题及随之产生的误区。我们要指出从自学到独自学习的过程所衍生出的问题，探索真正意义上的“教育上的”自学方式，尤其是因为当前时代从诸多方面强调自学、劝人自学，所以我们必须从两个不同方面看待自学的“可怕之处”与自学在“教育上的价值”。

第三节　自学的心理及误区

——能够自学的人(二)

一、“迷信”的鸽子

如果我说鸽子是一种“迷信”的动物，各位读者会怎么想?

实际上早在很久之前，鸽子的“迷信行为（superstitions behavior）”就在心理学界广为流传。你可以不费吹灰之力就能在实验室里做出这样一个人工实验。

把一只处于饥饿状态的鸽子放入密闭的箱子中，每次在饲料箱中放入少许豆子，并播放微弱的铃声，随机（任意）地、机械性地设置投喂饲料的时间间隔。不一会儿，鸽子就会在不知不觉间做出奇怪的动作。比如有的鸽子会一边单脚蹦跳一边转圈，有的鸽子来回地伸长脖子缩紧脖子，有的鸽子胡乱地一头钻进自己的羽毛里等，样态不一而足。

斯金纳（美国心理学家）对这种迷信行为产生的原因做出了如下阐述。

斯金纳认为，当动物做出了某种动作，并得到强化（指投饵）时，就会提高出现该动作的频率。假如某只鸽子偶然把头钻进自己的羽毛里，同时听到了微弱的铃声（假设鸽子已经“发现”铃声一响就能得到饵料）。其后，这只鸽子便会更加频繁地重复着把头钻进自己羽毛里的动作。于是“把头钻进自己的羽毛里”这样的行为就会反复出现……

我们也常常见到棒球运动员做出这样一种“迷信行为”。比如，偶然一次没刮胡子时恰好做到了全垒打，今后他每逢参加棒球比赛就绝对不刮胡子。还有俗话说的“触霉头”也是迷信行为的一种。

那么，大家可能会觉得奇怪，本书明明在讲自学的教育，又怎么会提到鸽子的“迷信故事”呢？我给大家一点提示。当我们谈到自学常常会陷入哪些误区时，第一个要提到的就是“迷信误区”。

二、关于偏执

在我们看来，先前提到的“迷信”的鸽子实在是太滑稽、太可笑了。但鸽子是为了能得到饵料才极其认真地单脚跳来跳去，心无旁骛地努力着。

同样，我们身边也常常出现这类“偏执”的人。尽管别人都觉得这么做实在是太愚蠢、太可笑了，但是他本人十分认真地坚持着，还说：“这么做肯定是最好的办法了。”

人和鸽子一样，觉得自己所做的尝试都一定能得到好的结果。当历经漫长的岁月却一无所成的时候，甚至得不到周围人认可的时候，自学就变成了最艰苦的事情。长此以往，就像那只饿着肚子的鸽子一样，很容易就陷入“迷信”中。偶尔取得一点成绩就夸大其词，跳过了逻辑上的思考过程和慎重的验证过程，以为“只要我那么做了就一定能顺利”。

如果鸽子知道什么是“思考”，它不会一味相信“单脚跳就能得到饵料”；它就会试着去验证“单脚跳”和得到饵料之间的联系；它也一定会检验是不是“不单脚跳就得不到饵料了”。如果鸽子急切地想吃到豆子，就无暇“思考”了。于是它基于自己的“经验”在大脑中留下了“这么做就能顺利得到饵料”的深刻烙印。

后来，我参加了美国心理学会的志愿者活动，帮忙把日本心理学的书刊论文译成英文。当我进行翻译时常常不知所措，不是因为我翻译不出好的英文，而是因为我发现“即使翻译出来了也不能通用”。有的报告只写出“我试着这么做，结果是这样的”这种逻辑跳跃的内容，其实验缺乏验证过程；有的论文则丝毫没有考虑到其他可能存在的因素；有的没有和其他学派的学说、过去的学说进行对比；有的给出的全是解释，根本没有列出最重要的实验数据等。

读这些用日语写成的论文时，你会看到很多专业术语充斥其间，读起来学术气息浓厚，挺像那么回事儿。一旦将它翻译为普通的英文，我们就会发现那里面全是装点门面的语句，缺少“主干内容”。

有时我反复地阅读论文原文，根据情况自己又去做了那一领域的很多研究，和过去的研究两相比对，再根据译者的判断找出那些“应该说清楚的要点”，把它“创作”为一篇“可以通用”的论文，最后再翻译成英文。

有些自学者和“迷信”的鸽子想法类似，偶然遇到一个“能通用”的世界，就以为“单脚跳就能有豆子吃了”。

这也是自学者常常陷入的误区。我们千万不能太过相信“能通用”的事情。即使在你不被认可的时候，即使在你没有一点成绩的时候，你也要耐住那漫长的孤独。你要把心放稳，带着十分的慎重、五分的怀疑去看看你得到的那反馈是真是假。

三、“吃得苦中苦，方为人上人”是真的吗

有一个著名的社会心理学实验是这样的：让接受实验的人长时间进行一项十分无聊，且毫无意义的工作（比如数出一本书里每页相同的字有多少个），再让他对后面的人谎称“这个工作非常有意思”。紧接着向接受实验的人支付报酬。报酬的金额分为2000日元和500日元两种。当再一次向他提问“说实话，你觉得这项工作有意思吗？”的时候，令人惊讶的是，得到500日元的被实验者回答：“实际上真的很

有意思。”而得到2000日元的被实验者却回答：“这项工作真的太愚蠢了，还十分无聊。”

这个实验很有名，叫“费斯汀格和卡尔史密斯的实验”。费斯汀格用“认知失调论”来解释这一现象，即被实验者接受不了自己长时间地做一项没有意义、无聊的工作，且报酬如此之少的事实，并且还要对别人说：“这真的是一项很有意义的工作。”另一个被测试对象则越来越难以接受“真的很无聊”的想法，自然而然“从内心深处”也开始在想“其实这项工作是很有意思，也是很有意义的”。

“认知失调论”认为，人们往往经过了一些迷惘和挣扎后，不论自己所选择（或被迫接受）的行为以及这项行为所产生的结果如何，都会设法寻求该行为的“有意义之处”，即使与现实相悖也要给它强加一个意义（将其合理化）。

我在美国留学时立志钻研数理心理学，我的教授是这样警诫我的：“你要想把数理心理学里哪怕是其中的一个领域给研究透，那也必须得从基础数学开始学起，花费大把的时间。你在学习那个领域时已经付出很多辛苦，可一旦要进入应用阶段时，你满腔的热血却不知道要往哪里洒。就算你发现了你的研究方向完全没有用武之地，你也甩不掉它，你呀，会钻牛角尖，觉得只要自己再多学一些，将来就一定能行。最后你会在极其复杂又毫无意义的和过家家没什么区别的数学模型里面被淹没，永无出头之日啊。”

后来，我无数次回想起教授的这番话。的确，若是有三年多“像吃了迷魂药似的”热衷于钻研某种数学模型，到了第三年的时候才猛然发觉“我先前的研究方向全是错的，全是没有意义的”，然而想放却放不下。当你直面这种境况时，想必内心极其煎熬——你会拼命克制自己产生这样的想法：我都这么努力了，应该有所收获啊，到底哪里出了问题？如果我再努力一点是不是就会有哪怕很小的收获、很新的见解呢？

真的不见得“吃得苦中苦，方为人上人”。你要记得，受的苦越多，我们的认知就有可能愈加扭曲，就有可能越来越难以接受那些你理应接受的事实。

四、你不是独自在自学

在前一节当中已经介绍了自学的四个条件：可自由选择学习目标；可自由选择学习方法；学习目标应有妥当性；学习方法应有有效性。但是如果细细考量，对于人来说，有时候自由反而会变成沉重的负担。当凭着自由选择的道路行至将半，才突然发现“走错了”的时候，我们会被过去的选择牵绊，失去真正意义上的自由。

或是实在无法接受自己曾选择的是“恶的”，是“无趣的”，便设法安上一点意义；又或是太想得到别人的认可，偶然有“走运”的时候，就迷信地下定决心，以为“今后这样照做就没问题了”。

要想避免陷入“偏执”和“将自己的所言所行合理化”的误区，就必须走出“只有自己的世界”。

不要总是从自己个人的角度出发，要从别人的角度，要站在“更高的立场”来审视自己思维的有效性、妥当性和理论的缜密性。

也就是说，自学指的并不是文字层面上的自己学，而是你能轻松自如地站在别人的视角、别人的立场上思考自身的问题。

要做一个自学的人，而不是自己学的人；要做一个耐得住孤独却决不沉湎于孤独的人——这样的人才是真正的自学者。

在学校教育中我们常常讲“要增强孩子的自主意识”，“要让孩子独立思考”，在课堂上也极力赞扬常常举手回答问题的“能说出自己的见解”的孩子，利用一切机会催促孩子提出见解。

然而真正的自主性，不是仅靠让孩子无所顾忌地表达意见，或大大方方地说话就能培养出来的，而是要让孩子想想自己有没有偏执，做解释的时候有没有自私任性。教育者只有让孩子多从别人的视角出发，才能把孩子带向正确的自学之路。

第四节 自学能掌握基础吗

——能够自学的人(三)

一、基础训练的重要性

假设我刚刚读完施韦泽的传记或其他书之后，突然冒出这样一个想法："好想做医生啊！"而且还很坚定：如果可以，我要自学成才当上医生。但不管我的意愿多么强烈，就现在的我来说，根本不知道自学当医生要从哪里下手为好，只有迷茫。

又或是现在的我对"地震发生的原因"很感兴趣，在这种情况下，研究课题已经十分具体了，与之前的"我想做医生"比起来有了具体的研究方向，有了大致的目标。但是，在这种情况下，仅仅是为了掌握常识，或掌握课本之外的知识，就要读遍地球物理学乃至天文学、气象学，还要为正确解析自古代开始的各种数据而精通统计学，如果没有打下各种各样的基础，何谈起步？于是我就会面临一时之间不知从何处下手的问题。

现代社会中，各类专业领域交集甚多。有些鸡毛蒜皮的小事哪怕再多深究一点就马上让你深感基础的重要性。一般来说基础并不是短时间就能掌握的，它需要很多年的积累，需要其他人有条理地、有体系地、有顺序地为你指导，否则单靠自己，任谁也摸不着头脑。于是我们想"这事还得请行家帮忙"，便彻底地放弃自学了。

因此，世上那么多种学校涵盖了各行各业，从计算机专业学校到艺术院校无所不有，为你提供基础训练。你进入学校之后，会有"严厉的指导、有体系的课程"，似乎只有这样你才能掌握所有的知识和技能。

大概不必进入这样的学校就能成为专家的，就只有小说家或评论家一类了。……不，未必尽然，日本或许真有“培养小说家的学校”。那里肯定有一套针对日本芥川奖或直木奖的“命题倾向与写作对策”的训练，肯定准备有“命题论入门”“投稿技巧入门”“独创培养课”等数不清的课程。

二、什么是基础

那么，基础到底是什么呢？我的书架上有两本题为《×××基础》的书。一本是美国统计学家伦纳德·吉米·萨维奇的《统计学基础》，一本是格兰兹的《测定学基础》。可是，这两本书无论哪本，都是专家公认的因晦涩难懂而出名的书，为了读这一本就必须先读懂其他几十本“高级”专业书。

换句话说，钻研某个事物的基础或是底子，就是钻研专业的、高级的东西。

也就是说，知识就是在基础的上面搭台子。你要是问事物的基础是什么，那答案恐怕说也说不完，不知不觉间就会把你引到非常高级的、专业的领域中去了。所以，知识的构造是纲目结构的，而并不是顺着基础就能往上走的台阶结构。

如此一来，我们说“首先要夯实基础，接下来转向应用”的时候，这里的基础到底指的是什么呢？

比如，我们想要掌握两位数乘法就必须先掌握“加法”和“九九乘法表”。在这种情况下，“加法”和“九九乘法表”就是“两位数乘法”的基础。但是，这里所说的“基础”是所谓的“技能意义上的基础”，并不是两位数乘法本身的意义，也不是给乘法下定义的基础。或者说，也不是如何正确引出两位数乘法的计算方法（将每行数字相乘，最后算出纵向数字的和）这种意义上的便于理解的基础。

如果有人说："用不着加法，也用不着数字和差的概念，只教孩子乘法，也就是积的概念便可以了。"我会觉得虽然这样的方法挺费劲的，但绝对是可行的。比如，首先教给孩子集合的概念、一一对应的概念，接下来教给孩子集合要素中的数字（序数和基数）的概念，再有直积概念，最后定义直积集合的序数就是原有集合序数的乘积就可以了。这时就完全不必有"和"的操作或"加"的概念了。

这样想来，你会发现基础也包含着很多意义。

首先，"会做两位数乘法"的基础的确是"会做加法"和"会背九九乘法口诀"。但是，"懂得两位数乘法意义"的基础却是要懂得"集合论"，而并不需要"会做加法"或"会背九九乘法表"。

虽说"集合论"是理解（弄懂）乘法意义的基础，但这也仅仅是在理论层面上理解它的概念。想要真正地弄懂集合的概念和一一对应的概念，还有集合的序数作为基数的数字的概念，则必须与学习者的经验和直观的操作紧密结合才行。因为在数学的世界里，这不是逻辑上的问题，而是一个与思想认识、经验积累程度有关的"心理上的问题"。即不论是直觉上的，还是经验上的，为达到"真正理解（完全信服）"的目的，即使是简单的加减法运算也能作为心理上的基础。

综上所述，"基础"可以归为以下几类：

1. 技能上的基础（"学会"的基础）。

2. 逻辑上的基础（"理解"的基础）。

3. 心理上的基础（"信服"的基础）。

因此，即使我们说"要从基础学起"，"应做的事"也是因上述的三种意义而各不相同。

但是，在上述三种不同意义的基础中，学习顺序比较明显、意义比较单一的只有第一种：技能上的基础。其实在这种情况下，比如为了学会滑雪，每个教练对于最初要做什么样的训练的意见也一定各不相同。但是教练们肯定会一致同意最开始要先从“踏上滑雪板，学会站立”开始练习的吧。

第二种是逻辑上的基础，乍一看应该算是有学习顺序且意义单一的基础，但是先前所述的“乘法的意义”也不一定非要通过“直积集合的基数”的概念来解释说明。假如单从“加法的概念”导入，再引入倍数（把同样的数字多次相加）的概念，最后再来定义乘法，那也可以的。从数学上的正确性看都是可行的。也就是说，不论在逻辑上的概念怎么深究，有多少研究的、捕捉的方法，最后都是殊途同归的。

第三种是心理上的基础，从顺序来看每个人都会有不同的见解，意义并不单一。如何“达到信服”是依据每个人的心理发展阶段和个人经验积累。当然在一定程度上，“几岁的小孩子在多大程度上能把自己的经验与概念相结合，能做到‘信服’”这是需要结合自己过去的经验与儿童心理学的研究结果才能分析出来的。但是，在那种情况之下，小孩子到底有没有真正地把概念与自己的经验相结合，做到“信服”，大概只有孩子自己才知道吧。

三、自学能掌握基础吗

如此一想，最适用于很多人一起遵循一定的顺序学习的方法应该是和学校教育很类似的第一种学习方法：技能上的基础。

在现实当中，学校教育的成果是有目共睹的，并且从“易学性”上来看，这样的做法也是一种技能上的侧面教育。教孩子算术也不过是“加法怎么做”；教孩子语文也不过是“汉字怎么写”；教孩子数学也不过是“实验和观察怎么进行”而已。除此之外，事物定义、词语说明、史实和历史人物的名字也不过是一笔带过，让孩子记住就可以了。当然，学校也完全不是没有在教学计划里考虑到第二种、第三种基础的观点，但其实逻辑上的基础和经验上的心理基础才是真正教育不能欠缺的一环。

如果现在的学校教育只把第一种技能上的基础作为重点训练，那么想要得到第二种基础和第三种基础，除了自学以外别无他法。而且，可以说第二种基础和第三种基础才有自学的教育性作用。也就是说，即使学习者正在接受学校的教育，那也很有必要通过自学来做到第二种和第三种意义上的基础。学校教育应该从教学计划的构成到课程展开的各个过程中，都更加深入地培养孩子们的自学能力。

但是，像学校教育那样，不让孩子跟着别人制定的课程形式而学习，“什么都要自己学”，这种想法是错误的。

首先，从第一种技能上的基础来说，该领域的专家、内行懂的肯定比“正在自学的人”多得多，靠自己摸索，反复试错，那效率是极其低下的。因此如果要想真正地掌握一项技能，或是只想在知识的技能侧面（做法的侧面）做到彻底地自学的人，最好模仿学校的做法。也就是要一天不落地按照一定的时间埋头苦练，遵照规定好的顺序进行练习。不去学校学习而“在规定的时间按规定的顺序做规定的事情”，它需要顽强的意志力和热切的学习愿望，是很困难的。但从扎实的技能上的基础来看，这种“模仿学校的做法”是最有用的。

其次，为了能独自掌握第二种逻辑上的基础，需要你有“打破砂锅问到底”的精神。需要你有逻辑性地思考事物，养成遇到矛盾和不懂的地方就有想方设法解决的习惯。并且你要对逻辑思考充满憧憬，因为只要用逻辑思考，新的世界就会向你敞开；遇到有矛盾和不懂的地方你要有“按捺不住”的求知欲。为此，你要寻找能培养你问题意识的好教师，要求你自己不断地去寻求那样的教师。

最后，心理上的基础才是真正意义上的“为了理解、弄明白”而产生的基础。想打好心理上的基础，你要在日常生活中常常问自己“本质上是怎么回事”；你要不断地提问自己所有经历过的事情各有什么意义；你要接触不同类型的人，听听他们各不相同的看法和观点，不断积累经验，寻找新的发现。

要想真正做到弄懂，你就要把自己的经验与别人的经验相对照，做到信服。在这一点上，就算是学校教育的体制里，最后要学习的还是“学习者自愿地学”，也就是独自学习。

如果问我自学要不要学基础，我会这样回答：真正的基础归根到底还是得靠自学。

第五节 “玩耍=学习”的本质形态

——能够自学的人(四)

一、“玩耍”和“学习”的分离

孩子在成长过程中到底是什么时候开始将“玩”和“学”分离开的呢?

至少对于还没上幼儿园的小孩来说,“玩”“吃”“睡”大概就是生活的全部了。其实小孩子每天也在不停地学习,比如记住了越来越多的事情,学会了许许多多的技能,了解整个世界的构造……这些的确是不折不扣的学习。

从幼儿园到小学,再到中学,我们在不知不觉间就开始有意识地将“玩”和“学”分离开了。在生活中也开始把“玩的时间”和“学习的时间”分得很清楚。等到我们长大成人,“玩”就变成了字面意义上的“娱乐”,比如发着呆看着电视,或者打打小钢珠(弹珠游戏,也叫“扒金库”,于 1930 年始创于日本名古屋,在日本地区十分流行,可以消磨时间),总之“玩”就是“不费脑子”的、“消磨时间”的。而把“学习”完全当作“工作”看待,当作即使感到痛苦也不得不做的劳动看待,那么学习就成了沉重的负担。

这样一想,即使是一概而论的“玩”,婴儿的玩和成人的玩也完全不同,人类的活动实在是有太多种类了。

日常生活中我们所说的“玩”适用在很多语境下,虽然它们的意思各不相同,如“我们家孩子总是在玩”,“玩就好好玩,学就好好学”,“你要是抱着‘玩玩’的心态,那事情肯定解决不了”……但它们之间都有一个共识，那就是“玩”和“学”不是一码事。更复杂的是，“玩”这个词语一方面有着些许贬义的感情色彩，让人联想到“偷懒”“不严谨”，而另一方面人们又觉得它是一种很珍贵的、很必要的、很重要的行为，所以这个词让人觉得掩沓、不明朗。

因此，当一个母亲对别人说“我们家孩子总是在玩”的时候，她的心里一边想“老是玩可不行，得让他多学点习”，一边又会自豪地想“但是我家孩子很会玩，说明是个聪明孩子。总比‘不会玩’的书呆子，‘不会和人相处’的傻孩子好”。因此，如果你听到这一句“我们家孩子总是在玩”，就回了一句“那您孩子估计够让您烦心的吧”。或许对方便不会再乐意搭理你了，对话也就戛然而止了。

二、“玩耍”的矛盾

苏杉娜·米勒在其著作《游戏心理学》（*The Psychology of Play*）中指出了“玩”的内在矛盾。

“玩”是动静皆可的，它既可以极其好动地到处乱跑，又可以极其安静地聚精会神；既可以是一大群人一起做一件事，又可以是独处于孤独的自我世界。但最不可思议的一点就是，所有的“玩”表面上所追求的目的往往和在其过程中要达成的目标是相反的。

比如说，观察动物间的“嬉戏”与孩子们的打闹中的一些具“攻击性”的动作，你会发现那些不是真正的攻击，往往出于无心之举。并且原本亲密的朋友之间，是完全不需要攻击的。孩子们的“过家家”本来是模仿某人（某个成年人），如果是出于模仿的目的，就应该在那个被模仿的成年人面前表演，但在实际生活中通常不是这样，孩子们是在成年人看不到的地方进行模仿。

抑或是孩子们做运动、要探险，这些被看作是“玩游戏”的时候，大多数情况下孩子们并不是想要学习某项技能，而是在重复一些已经学会了的技能。虽说是探险，也是在周围很熟悉的环境中“假装在探险”，不是在真正的未知的世界探险。

“玩”的确是入迷的状态，但我们不能太过夸张地看待它。同样不可思议的是，尽管“玩”是一种心醉神迷的忘我状态，它却有“留空”的作用。尽管运动让人喘不过气来，但把它看成是在玩耍的时候，运动过后会让人想笑，心生喜悦。

三、什么是玩耍

米勒探寻过什么原因产生了“玩”的内在矛盾，发现这要从字面意义开始，从一切动物的“玩耍”开始分析。像变形虫这样的原生动物肯定是不会“玩耍”的，但据说一些低等的节肢动物会在天气不错的日子里，或是安静的时候、吃饱了的时候互相嬉戏，当传来危险信号的时候就立即终止“嬉戏”。白蚁等动物在真正的战斗来临时会凶猛地互相残杀，但在“玩”的时候绝不会弄伤对方。有人说蟑螂是一种好奇心很强的动物，它们会对新奇的事物感兴趣，这也许是它们常被粘蝇板困住的原因吧。

鸟类和哺乳类，特别是猴子之间的嬉戏就更是有趣，这里就不赘述了。我读到这里的时候简直爱不释手，希望读者们有机会一定要读读原著。因为米勒在书的后半部分除了分析人类的嬉戏，还进一步介绍了对幼儿、成年人（包括精神病人）所做的心理学方面的研究。

总而言之，几乎所有的动物玩耍时都存在的特征有以下表现：

第一，玩并没有直接的（具体的、明确的）目标，因为一旦有了“要达成的目标”，那就不算是“玩”了。并且，在玩耍中不会得到特别的“必要性”和“对生存的必然性”的完全解释。

第二，“玩”总是带着和“外界”的接触，特别是会接触到“新奇性”和“不可测性”。“玩”会产生意外，也会产生新的发现。

第三，这种“新奇性”往往是有限度的。它自然而然地遵守某种制约、规范和适用范围，双方都在留意和控制自己不要伤害到对方，也不会将自己真正置于危险的处境中。

四、人为什么要玩耍

人为什么要玩呢？这个问题越是思考就越觉得不可思议，同时也让我们开始思索：人究竟是怎样的存在呢？

“玩”能让我们充分享受自由又能守住限度，尽管没有目的也无大碍，这样一种行为对人来讲，不，应该说是对所有动物来讲，它都是不能缺少的。它何以让我们欲罢不能，牵肠挂肚呢？

如果让我解释，我要说，大概因为人原本就是一种离不开玩的动物吧。

前文提到玩耍的第一个特征就是“没有目标”。再说得严谨一些是“从一开始就没有给出目标”。如果早就给出了目标，那么从本质上来说，玩就变成了一种“封闭世界”里的目标了。“封闭世界”是不可能自动地产生新目标的，你要做的只有达成已经明朗化的目标而已。但是人如果真的有对目标存在的根源，即对“开放世界”有所憧憬的话，就不要去追求“已经明朗化的目标”，而要等待新的目标自己产生出来。从“封闭世界”逃脱出来，以“开放世界”为目标努力扩大自己的世界。人的本源能量越强，人就越能追求到真正意义上的“玩”。

也许“玩”本就不是为了“达成目标”，而是“一种寻找目标的行为”。不，“寻找目标”这样的“目标”又有点让人觉得像是“被给出的”，我更想把“玩”定义成为字面意义上忘我的、和自然一同产生的本源的力量；它是一种调和、整合能量的行为。随着能量的调和、整合，单从结果来看，就自然地产生了“新的目标”。这样，玩才不是一种“有目标”的行为。

前文还提到玩的第二个特征是外界的新奇性和不可测性。如果细细考量，这种“不可测性”（一种未知的事情）归根到底，还是指对于自己而言的一种不可测性。我认为它推动了自己身上的“未知的部分”，即我到底能做到什么样的事情？我到底是不是在任何领域都能吃得开？到底什么样的事情是我能做到的，我能弄懂的，我也能体会到的？我究竟怎样做才能创造出一个新的自己？

如果一个人只能刻板地看待自己的能力和作用，那他就是一个学不会“玩”的人。如果一个人能无限地挑战“未知的自己”，不断探寻，想要带着好奇心来了解自身，那才是一个真正“会玩”的人。

前文提到“玩”的第三个特征是有限度。不管怎么追求新奇性和不可测性，“玩”都是有限度的。这里所说的“限度”归根到底指的还是了解自己。在有意愿开拓和发现新的自己的同时，也要有充分的自知之明，知道自己能做什么。

在玩的过程中我们会反复地、多角度地通过很多场景来确认或弄清“自己能做到什么事”，“自己‘明白’什么事”。在很多新奇的场景中我们寻找、再次确认、再次构成自己的知识和技能。

因为人们常常追求发展性和开放性，也在追求内在的整合性与一贯性。

当你觉得自己变得乱七八糟，当你觉得自己被外在的刺激和强制玩弄于股掌之上，当你觉得自己一直在达成外界给你下达的目标时，你想要再一次调和、整合自己，你想要集中你身上所有的能量，你想要重新找回那个统一的自己，于是你学会了“玩”。

这样想来，“玩”其实正是人类最本质的一种学习的方法。

第六节　学习这个词的“可怕性”

——什么是学习(一)

“学习”一词恐怕是教育界使用最频繁的词语，但实际上没有比学习更难以理解、更不好用的词了。因为每个人（包括专家）对学习都有不同的解读。这个词语的意义会随着使用人的立场、看待事物的方式、世界观人生观的不同而不断改变。尽管如此，几乎所有的人都把学习当作再简单不过的、意义自明的词，轻松地接受并频繁使用。如果这个词语和其他专业术语那样，一看就让人知难而退反而好些。可如今这个词被如此广泛地使用，被使用到各种各样的情境和文章中，想整理清楚其意义反而变得越来越难。

即使我们把学习这个词限定为心理学中使用的专业术语，也没有多大帮助。因为认知心理学领域有着纷繁复杂的学习理论，在这些长篇大论中，学习的本质意义仍然没有得到比较准确的梳理。而且不论是哪种理论，哪个概念，专业术语上的学习和教育第一线的教师们天天挂在嘴边上的学习相去甚远，甚至可以说根本不在同一个世界。理论上的“学习”，其意义和日常生活中的“学习”，或者其近义词“研习”“练习”“研修”的意义更是有所不同。

我本人一直在研究关于“学习”的专业知识，也研究了心理学中涉及的诸多理论。但现在回顾反思，依然切实感到我对“学习”的概念和内涵还没有充分理解。但有一点我可以断定，关于“学习”的问题，归根结底是关于“人类”的问题；关于“学习方法”的问题，归根结底就是“如何生活”的问题。

人们在使用“学习”这个词时，虽然本人未曾察觉，但是实际上会自然而然地体现出当事人的人生观或者生活方式、思考方式。另外，当我们对孩子说“要好好学习”“赶紧去学习”的时候，即使我们未曾察觉，这些话也体现了我们正在把自己的人生观，或者是我们的生活方式强加给自己的孩子。

如何使用“学习”这个词，体现了当事人关于人类的思考，也体现了他是否严格审视过自己的生活方式，而他所选择的生活方式和思考方式又不断被其他人质疑，这是个不可忽视的现实。

学习这个词，其实真的很“可怕”。我想通过下面几个例子，来说明这个词如何“可怕”。

一、“让其学习”这件事

我们经常把“让他（她）好好学习”挂在嘴边。

虽然有时候我们也会用“教他（她）学习”来代替这句话，但我在这里强调“让其学习”，是有我特别想法的。因为“教”这个词，还是带有某位教师强迫孩子学习的性质。为了让大家从现在开始关注学习者本人的自主能动性，我使用了“让其学习”这个说法。

然而，“让其学习”的“让”，本身就带有强迫性质，它的意思就是即便对方不答应，也要“让”或“令”他（她）做某事。

为了体现学习者的主观能动性，我们把学习定义为“带有自发意志和某种目的”的人类活动。可一旦变成“让其学习”，就忽视了学习者的主观能动性，这无疑是一个矛盾。但也真实反映了教育第一线的教师们进退两难、焦虑不安的现状。

其实大道理谁都懂，让孩子们自由自在地成长，自发地去学习才是真正的学习。可是每位父母的真心话，或者现实的要求，却是不情愿也得强逼着孩子去学习，即便是没有主观能动性的表面上的学习，家长也焦虑地催着孩子赶紧去学习。

在日语中，人们对这种非本人自发的行为用“させる（使，让）”这个补助动词来表达，说明这是一种使令性、强迫性的动作。还有例如“让他玩”“让她笑”“令他悲伤”等表达方式。

所以“让其学习”，作为日语表达并没有语法错误，没有什么问题，从理论上讲也没有什么奇怪的。但是出现这么多的使令性表达，说明这种思维方式已经深深嵌入到我们的内心深处。至于涉及的动词的行为主体是谁，或者引起某种状态变化的原因是什么等，都处于很模糊的状态或者未知的状态中，但谈话就这样继续进行。

“让其学习”的恐怕是教师，但是做出学习动作的是学习者本人。这样一来，如果学习出了问题，那么责任究竟在谁，则成为不可解的问题。

结果呢？谁的责任都没被追究，“学习”依然雷打不动地在“指导和命令”下进行着。

二、关于思考的学习

还有一些我怎么想都不能理解的话，就是“令其思考”“令其深思”之类的。这一句和刚才提到的“让其学习”同样，应该是学习者本人自主去做的事情，却使用“令其”“让其”这样的表达方式。

思考是人类的日常活动之一，比学习更根深蒂固地带有自发性，是针对某种状况产生的自发性、自主性的活动。所以“你什么都不要想”这种命令或建议，会使人们自发产生对这句命令的思考不攻而破。

对于“你要认真考虑考虑”这种命令，被命令者会如何接受，我们无从而知。因为大脑不会像电视机那样显示出自己的思考内容，被命令的当事人的大脑在思考什么，或者脑子里干脆什么也不想，浑浑噩噩地发呆，我们都无从干涉，因为思考是很自由很任性的事情。

更令人不解的是“让他自由思考”这种命令。思考原本就是很自由的事，“让其”“令其”自由思考究竟是怎么回事呢？

像这样的表达还有很多很多。例如，让孩子去学习什么“思考的顺序”“考虑的顺序”等，这种课程会教授孩子“如何处理各种思考信息”之类的广告宣传语，更是让人不知所云。

人真的能够根据一定的顺序去思考吗？如果有人向我展示了某种形式的“思考顺序”，我肯定会不由自主地去考虑那个“顺序”是什么意思，我到底要做什么？为什么必须先考虑这个再考虑那个，为什么我要服从这个顺序？凭什么说这个顺序是最科学的？这个顺序是怎样被发现的？……这时候的我，根本就没有按照被教授的顺序来考虑事情，反而对这个所谓的思考程序，进行了一系列的自主思考。

“考虑方法”也是同样道理。当我们说出“实在不理解你的想法”这句话的时候，大脑里已经对“怎样考虑才是对的？”进行了某种判断。也就是说，人类的思考活动本身，就算没有人教方法，也会自主进行。面对某种情况，自己觉得不理解，其实是不明白自己应该去关注哪一点，不明白应该把什么当作问题。

对孩子说“你再好好想想”这句话后，他们会做什么？是心不在焉地想别的事儿，是只在心里反复地念叨“不明白，反正我就是不明白”，还是在想“干吗不快点把答案告诉我”？这些都属于思考活动。这种情况下，如果给孩子一个提示：“你先注意看这里，这个问题比较简单……那么这个问题就明白了吧。我们再看下一个，这个问题该怎么解决呢？”如此一来，“噢，原来如此！”孩子就会立刻恍然大悟。然而，通过这种启发或提示才能理解，是因为孩子根本不知道这种启发或诀窍的存在，一旦给他指出来，他即使恍然大悟了，也并不是自主发现了诀窍。因此，即便真的存在所谓的发现诀窍的“思考顺序”，那也是属于另外一种诀窍。所以，所谓的“思考的顺序”“科学的考虑方法”“信息处理方法”等，并不是教授你什么特别的方法，只不过是一种信息提示而已。和直接告诉你答案，“是哥伦布发现了美洲”，本质上并无太大区别。

三、关于情感的学习

在日本道德教育领域常被提及的，是让孩子们学习“道德情感”这个说法，或者让孩子学习拥有“丰富的情操”等说法。

然而，“情感”“情操”等，难道不是本人自然产生的东西吗？对值得尊敬的父母，孩子们自然会产生尊敬的情感。对怎么找都找不到优点的父母，即便强迫孩子去尊敬父母，孩子也很难做到。

当然我也承认，再怎么一无是处的父母，仔细找找其实也是有优点的，或者说就算真的一无是处，教育孩子对父母或者长辈，要有最起码的礼貌也是应该的。但是，不管如何教育孩子去发掘父母的优点，怎么教孩子基本的礼仪，孩子们被教育时伴随的情感，只能由他本人决定。不管遇上什么样的人，我们都应设法去发现别人的优点。我们应该有礼貌、有品位地生活，应该了解社会上的基本礼仪。如果在接受这样的教育时，孩子没有产生任何情感，那么这个孩子的心灵，从某种程度上讲就是“病了”。即使如此，情感和情绪之类的只能是当事者本人的心中自然涌现的东西，并不是他人能够唤醒的东西。

这样的例子数也数不清。

我们试图让没有自主性的孩子们学习“掌握自主性”；让没有学习热情的孩子学习“如何提高学习热情”；让没有独创性的孩子们学习“怎样开发独创性”；让无法独立自学的孩子学习“如何自学”。

我们把希望孩子具备的能力全部列成明细单，并且试图让孩子们把这些能力全部掌握。

可是按字面意思理解，几乎每一件都是不可能做到的事情，因为这些都是学习者本人自发去做才有意义的事情。

即便不是被外界命令强迫的，而是孩子为了让父母、教师高兴，自己假装在做这些自发性的行为，其被强迫、被要求的性质也没有改变。如果只是按照特定的顺序不得不做这些，那么这些行为已经远离了其原本的意义，变成了性质完全不同的别的东西。

四、“庸医的误诊”

就这样，教育界创造了大量的字面和意义互相矛盾的根本无从理解的词句。这些词句被普遍地运用于日常生活中，并且被当成简单至极、意义自明的词句。大家都摆出一副非常理解的样子听之任之。这究竟是怎么回事？我对其形成的原因非常感兴趣。

原本是只要学习者健全地生活，积极地去学习，学习者所采取的各种各样的行动必然会伴随着各种自然的自发属性，可是人们却试图把那些属性一个个独立出来，让孩子们一条条去单独掌握。我把这些问题称作“庸医的误诊”（请参考拙著《学习的结构》，东洋馆出版社发行）。一个庸医把健康的人诊断为感冒，庸医判断得了感冒的人的症状就是“发烧，身体没劲儿，头疼”，为了让感冒的症状在患者身体上出现，让病人把辣椒涂满全身，使其发烧，然后让病人带着铅块长跑，让他身体感到疲惫无力，让他头痛欲裂……日本教育界正在做的事，难道不是和“庸医的误诊”很类似吗？

我们试图让孩子们掌握所有的能力。既让孩子有自主性，又能经常思考；既要学习热情高涨，又要拥有丰富的情操；既想让孩子能正确思考，又想让孩子拥有自学能力；既希望孩子有独创性，又奢望孩子能发现事物的原理或法则……

如果这些能力真的都能够在孩子身上自然出现当然最理想不过。然而，我们的教育却把这些能力一项一项地独立出来，让孩子们一条一条地去学习去掌握。就像庸医开出的处方一样，让人误以为照着处方去做就能达到预期的效果。这种做法和“庸医的误诊”又有何不同？

那么，为什么这种“误诊”会在教育界流行呢？关于这一点，我将在下一节讲讲其历史由来，并详细分析扭曲的教育技术。

我先给大家一点儿提示，那就是这种“误诊”的根源，是由于对人类观、知识观的混乱和误解。

第七节 “忘记质疑”的学习和教育

——什么是学习(二)

上一节，我们举例说明了学习这个词在实际使用中的各种矛盾和混乱。例如，命令学生学习的时候，下达命令的教师语气中带有强迫性。但学习活动本应是学习者自主的行为，本应是以自主性为前提的。这就产生了矛盾。

在上一节最后，我们提到产生这些混乱和误解的根源，在于我们对人类观和知识观的混乱和误解。接下来，我们以这两种混乱和误解为焦点，分析其产生的原因和学习原本应有的状态。

一、学习者类型的混乱

日本教育学家村井实的著作《教育的再兴》（1975 年日本讲谈社出版）中，提出在教育学历史上，有几个典型的学习者类型的存在，他把学习者理论分为“黏土型”“农作物型”“材料型”三种。这三种学习者的共同特点，是都能直线性地追求人类的善。所谓直线性就是让知识技能向着数量扩大、复杂化的方向发展，只有实现了直线性发展才会被认可有了学习上的进步。村井实先生把这种思考方法称作“直线性思考”。

然而，在实现知识技能数量上的扩大及复杂化的同时，我们必须相应地回到教育的原点，就是要强调人类对善的追求，这种以善为中心的向心力类型的“环型思考”方式应该重新得到大家的重视。基于该理论村井实先生指出了构建“人性模型”以及“教育的再兴”的必要性和紧迫性。

上一节我指出的学习这个词在使用上的混乱，追根溯源就是大家错误地理解了村井实先生所提出的学习者类型。在没有充分理解的情况下，就把老先生划分的“黏土型”“农作物型”“材料型”三类学习者模模糊糊地和教师们所描绘的“学习者”形象混杂到一起。因此，才会创造出那些让人摸不着头脑的乱七八糟的各种结论，造成了混乱不堪的现状。

接下来我就村井实先生提出的三个类型分别做如下说明。

（一）黏土型

黏土型理论认为，根据不同的教育方法，能把孩子塑造成不同的形状。奔着孩子“应该有的外形”“应该会做的事”这个目标出发，不断揉捏黏土，直到把孩子塑造成理想中的形状，这是一种“命令孩子掌握该掌握的东西”的思考方式。

村井实先生说，这种黏土型学习观已经被教育界视为柏拉图或者蒙田（文艺复兴时期的法国思想家）般的存在。在这种观点看来教育活动就是“性格塑造”和“善的熏陶”。

（二）农作物型

“农作物型”学习观，出现于18世纪中期到19世纪初期卢梭、裴斯泰洛齐、福禄贝尔、赫尔德等人的教育观点中。他们主张人类本来就拥有向善、变得更好的潜在能力。而黏土型的教育模式，会扼杀人类本身的向善发展的力量，会歪曲人与生俱来的优点，会制造出一批怪物。这种教育理论主张要尊重孩子们的“自主自发性”，不要人为地歪曲改造他们的自然天性，教师应该化身为“肥料”，帮助孩子们像农作物那样自由地成长，这才是教育最理想的状态。

当然，村井实先生特别提醒，卢梭和裴斯泰洛齐是拥有积极的“曲线性思维”的人，他们对人性的本质进行了反复的追问和思考，这一点毋庸置疑。然而，一旦他们的主张被当作口号向全世界宣传，积极推广，就只会直线性地发挥作用，这无疑会沿着黏土型学习观理论的反方向直线发展。历史事实也的确如此，谁也无法否认。

（三）材料型

18 世纪后半期，随着新的“现代国家”的诞生，工厂大批量生产体制的确立，“学习者”的形象也有所改变。

17 世纪的捷克教育家夸美纽斯提出的“大教学论”，奠定了近代学校制度的基础。到了 18 世纪后半期，整个国家的国民都被要求掌握准确的知识和技能，于是诞生了带有大量生产性质的学校制度。学习者就好像是巨大的印刷工厂中将要被印刷上内容的材料，所以“材料型”学习理论出现了。

后来，培养能为国家的繁荣和发展服务的人才开始成为教育的目的。因此，国家开始制定教育制度，开发教育技术。于是，出现了接受学习命令的对象——新的学习者形象逐渐形成。

这种理论持续影响人们直至现代社会，尤其是明治维新以来，日本的学校教育体制就像印刷工厂一样，有效率地“生产”出一批又一批达到一定水平的国民，并为此尽最大的努力。毫无疑问，这才是形成现代社会的考试战争——填鸭式教育的罪魁祸首。

我们教师认为“教育原本不应该是这个样子”，而且就像卢梭和裴斯泰洛齐也反对“黏土型”教育理论一样，为了对抗填鸭式教育，我们开始强调“必须重视孩子们的自主性”，“不能单纯传达知识和技能，要注重培养孩子独立思考的能力，不能妨碍孩子们的自然天性，不能阻碍他们自由发展的能力”。说什么让孩子自由思考；培养孩子自主发现的能力；不能仅传达知识，要教会孩子思考之类的。

卢梭和裴斯泰洛齐的主张也是同样的。严密地讲这些口号是有矛盾之处的，因为“黏土型”和“材料型”学习者是同一直线上的两个方向。

我上一节所提到“庸医的误诊”的前因后果大致如此。

二、知识观的混乱

如果问我们从事教学的人到底在教什么？大部分人都会回答是“知识和技能”吧。如果问学习的人到底在学什么？大家恐怕还是只能回答学的是“知识和技能”吧。

然而，如果继续追问，到底什么是知识和技能？大家就会一下子愣住，不知如何回答。

困惑不已是理所当然的，从古代希腊的学派对决开始，关于知识的概念，已经被无数人思考、质疑、讨论过了。

我并不是村井实先生那样的教育史专家，无法证明知识的概念在历史上是如何演变的，但是对知识的类型，我觉得大概可以分为“事例模式”“程序模式”“状态模式”三类。

（一）事例模式

事例模式，是把知识看作各种事例的集合体。所以知识丰富的人，就是知道很多个例和事情的人。专家，就是了解并掌握了某个专业领域很多详细事例的人。对于某个问题，他们能立刻回忆起过去曾经记住的例子，立刻尝试运用去解答。所谓的思考，其实就是努力回忆起过去类似的例子；所谓学习，就是记忆各种新事例。而教师，也是了解并掌握很多事例的人。学习者，则是不知道各种事例的人。为了让学习者记住各种事例，把各种“知识专家”邀请过来，让他们公开各种事例，学习者热心地把这些例子记在本子上，作为“新知识”储备起来。将来如果有类似的状况出现，就能立刻应用。

（二）程序模式

程序模式，是把所谓的知识在某种意义上都当作“巧妙的方法”来看待。想有想的顺序，解决问题有解决问题的程序，思考有思考的顺序。而所谓拥有很多知识的人，就是不管什么时候，都能完满解决某事的人。只要遵循某种程序，行为就能顺利进行，这种经验也被看作是知识。另外，某种情况下该做什么，也是知识的一种；而所谓的教育，就是把需要严格遵守的基本礼仪、方法、操作顺序等传达给大家。看待事物的方法、思考的方法、学习的方法、读书的方法、问题的解法、游戏的方法、生存的方法等，向大家传达这些活动的程序和方法就是所谓的“教育”。而教育，又被细分为教学的方法、让孩子学习的方法、育儿方法、成长的方法、推动的方法、引导的方法，以及灵活运用的方法等。教师也和孩子们一样，不断寻求某种方法或程序。

不好意思，我又要引用拙著《学习的结构》一书中的观点，我认为这些事例类知识，或者程序，以及方法类知识，都是属于人类记忆中的一个情节或片段，它既能被记住，也会被遗忘。从这个意义来说，这种知识只能是通过背诵来掌握的。既然是要背诵的东西，免不了会遗忘。明治时期以来日本的学校教育，一直是以背诵这种范例或程序方法贯穿始终的。

通过村井实先生所提到的“巨大印刷工厂”这样的学校，我们一直试图把这种所谓的知识“印刷”到孩子们的脑海中。

（三）状态模式

知识是一种状态，这是我的主张。

如果让我具体说出知识是什么状态，我会回答，知识就是一种“持续质疑的状态”。如果再让我回答持续质疑什么，我只好借用村井实先生的说法，说一说究竟怎样的持续质疑才是最“善”的一种状态。

那么，“善”究竟是什么？很遗憾，在本书有限的版面上，我很难表达完整，所以还是要请大家参考拙著《学习的结构》第三章，或者参考村井实先生的著作《教育的再兴》中的第十二讲。

不过，为了避免读者对我们二人的主张产生混淆，我做了一点儿补充说明。村井实先生把“善”的特征，提炼为“无矛盾性”“相互性”“效用性”。我则只列举了“一贯性”和“开放性”两点。我所说的“一贯性”和村井实先生说的“无矛盾性”几乎是一致的，而我提到的“开放性”则包含了村井实先生的“相互性”。

我之所以没有提到“效用性”，是因为“效用”这个概念本身就很模糊。例如，听到“对某事效用很高”时，人们自然而然会问“为什么效用会很高”，结果就只能用某种“一贯性”和某种“开放性（相互性）”来分析。（也就是说，“效用性”是“开放性”和“相互性”的一种特殊的表达方式。）然而，“一贯性”不能用“开放性”来解释说明，“开放性”也不能通过“一贯性”来说明，所以我只保留了这两个概念。但需要事先声明的是，这是我本人还没有彻底解决、整理清楚的部分，所以我并不是很有自信。

三、学习就是不断质疑

我把知识定义为：一种持续质疑，并具备“一贯性”和“开放性”的状态。这样一来，我们对于学习，也会产生一种新的见解。简单来说，学习就是一种不断追问的状态。

我们教给孩子们的应该是如何去发现问题，一种知疑好问的态度。当孩子们自主发现疑问，并持续追问时，我们要做出积极回应，然后孩子们又会发现新的疑问，这是一个良性循环。

所谓“教”，就是“质疑某种知识的好处”。事例型知识、程序型知识说到底只不过是提供给孩子们一个更深层次、更彻底地追问下去的一个契机而已。

拒绝“持续追问”的事例型知识，仅仅是单纯性的、片段性的知识；不认可“持续质疑”状态的程序型教育，教给孩子们的仅仅是“单纯的技巧”，连知识都算不上。

但是，让我们思考一下现状，在目前的学校教育体制下，不仅仅是孩子们，连教师自己都忘了“质疑和追问”。既不问某事物的本质意义，也不去联想关联词汇，更不会去追问“善”是什么。不管什么都只拿个简单例子来说明，或者直接告诉大家解题的方法，其结果，孩子们的自主性和独创性就变成了大家的憧憬和梦想。这就好像是一种虚假的乡愁，喊口号喊得响亮无比，却不去做实质性的改变。

要想让孩子们拥有“质疑和好问”的态度，教师本人也要不断追问什么是更“善”的知识；大家也要不断努力创造“知疑好问”的教育体制，这才是解救日本现代教育危机的唯一出路。

第五章　注重身体感知的教育

——再谈体育教学

第一节　形象和认知

——谈吉布森心理学的形象论

有一次，我被邀请参加学习日语教育的会议，这是为从事日语教育的一线教师们召开的研究会。在会议上，有一篇关于木下顺二（日本剧作家）撰写的《木龙漆》（脚本）的授课实践报告，大家让两位教师分别扮演剧本中人物权八和藤六，根据角色朗读了部分台词。当时我觉得两位表演得很到位，很有感觉。但是作为导演的竹内敏晴先生则表示了不满，原因就是下面这句台词：

权八："不……不好了……龙……龙活了。"

竹内先生要求这位教师把这一句重读一遍。饰演权八的教师就用洪亮的声音又读了一遍。可是竹内先生还是不满意，他说："总觉得有点儿奇怪，不管听几遍，还是看不到龙在哪里。"然后他站了起来，让坐在他身旁的我也站了起来，"假如在 3 米左右的地方有龙"，他指了指 3 米外的地方，假设一条龙在那里。

"哇……龙……龙……是龙！"

他大喊着，然后猛然抓住我的胳膊，转身就缩到了我身后，凝视着龙的方向，浑身发抖。

之后，竹内先生让朗读者表演时，脑海里要有这个画面，要充分意识到"龙"就在眼前，强调全身都要有所反应。

我对他的话感到很震惊。长期以来，我一直烦恼于所谓的形象到底是什么，听了先生的话，突然感到眼前一亮，有如醍醐灌顶，我于是大喊："明白了，我终于明白了。"我的感动也传达给了竹内先生，他说："佐伯先生好像感到了什么冲击，真令人感兴趣，请一定告诉我缘由。"那天，我们在他住宿的房间里一直谈到深夜。

那一晚，我和竹内先生谈了以下内容。

在近几年的认知心理学理论中，通过假定人的大脑中有一个知识构造的信息加工系统的方法，来分析人类的知觉或者认知活动。这些理论被称为"表象主义"，并成为目前的一种主流看法。也就是说，人们受到外界的刺激后，与头脑中的知识储备（各种特征以及特征间相互的关系）进行比对、分析、范畴类目化以后，统一对其做出某种意义上的解释。研究者首先对关于人类的所有知识在大脑中以哪种形式存储提出了很多假设，然后开始关心关于知觉和认知活动的实验数据是否能足够验证自己的假说。所以，关于大脑中的知识构造学者们提出了各种假说，也做了无数实验。

特别是研究者把模拟的知识构造输入到电脑程序中，让电脑进行智能信息处理。如果这些数据能够和心理学的实验数据互相比对和验证，那么一定能弄清楚人类大脑的信息处理活动的具体情形。所以这种研究看上去前景远大，十分盛行。

从表象主义的立场来看，所谓形象，就是"大脑中的一种知识构造"。但人们对此又存在着两种不同的解释。一种观点认为，形象和文章及词语的意义构造本质上相同，也是作为某种命题或符号关系的表象；另一种观点认为，形象和语言的知识本质上有所不同，应该是某种类似"画"或"图"模糊的表象构造。持这两种观点的人各执一词。

然而后来人们发现，表象主义有一个无法解释清楚的问题，那就是过于依赖情境这一点，表象主义的理论认为人类所有的知觉和认知都依赖于某种情境。即便是给予同样的刺激，在不同的文脉或情境下，也会有不同的认知。这是过去"格式塔心理学派"曾经多次提出过的观点，并不新颖。这里最大的问题就是，"情境"或"文脉"本身也会被大脑当作知识处理。如果在进行个别的信息处理之前，这些知识能被大脑唤醒，和个别的信息的解释机构互相联结的话，大部分的问题都会得到解决。然而，即使假定有这种“文脉信息处理机构”存在，也还是会有不容易解决的问题。

那么，“情境”本身是怎样被大脑认知的？追问这一点，情境的情境就会成为新问题。继续探究的话，情境的情境的情境……又是怎样被大脑认知的？如此一来，就会变得永无止境，没完没了，在哪里能画上句号呢？也就是说，依靠表象主义理论，个别信息的处理方式依然无法确定，无法把握。

而且，情境不同，信息处理能力也不同。从刚才提到的表象主义理论来看，大脑的这种高度发达的“信息处理机构”仅仅在发生作用的初期能够被观察到，因为一切信息都在瞬间被准确地处理。

还存在的问题是，从外界输入的信息，也就是离开实验室现实世界的信息无限多样。人类总是在不断地运动，所有的事物也不会绝对静止。伴随着各种目的的运动，人们在行动中也会发现新的目的。对于这种复杂且不断变化的外部信息，一个一个都被当作过去的知识由大脑负责解释处理。人类的大脑就算再怎么是一个高度发达的“信息处理机构”，是否也会感到困难呢？

例如，我们把手边的烟灰缸向右平移20厘米。这种情况下，如果让大家列举接下来可能会发生的事情，或者所有不可能发生的事情，那么问题立刻会变得庞大起来，不管处理能力多么迅速的电脑都会崩溃吧。然而，对人类来说，根本没必要这样列举所谓的可能和不可能，会发生和不会发生的事情瞬间就能区别。

人们在对认知心理学的表象主义的假设前提投去疑虑的目光之后，再次受到人们关注的是吉布森（美国心理学家）的心理学理论。

吉布森认为，知识不存在于人类的大脑内部，而是存在于外界。

当然，这种说法也是容易招致误解的，因为知识原本就是人们在大脑中制造出的东西。可能大家都会相信，如果哪一天人类灭亡，那么知识也将不复存在。然而，吉布森举例说明了他说的外界是什么意思。例如，世界上存在着叫作醋的物质。如果继续问大家醋是什么东西，大部分人可能会回答醋是一种酸的东西。然而，酸这种性质，对于回答的人来说，就是某种属于外界的东西。

所以，醋所拥有的酸的性质，对于人类而言，只不过是一种味觉体验呈现的性质。对于人类以外的物质，例如醋内部的酵母菌来说，醋并不存在酸这种性质。

也就是说，对于吉布森而言，外界是生物和它所在的生态系、生物活动和生物环境的相互作用产生的概念。进一步讲，如同酸会促进唾液分泌一样，外界的事物也会给生物体带来许多刺激和变化。外界怎样变化，生物体就会出现怎样的应激反应。外界会带给生物体一种对应变化状况的潜在信息。身体通过这些变化信息过滤出其中“从不改变”的性质。吉布森假定人们拥有这种能力，并且把这些不变信息称之为事物的“可供性”特性。

也就是说，人知觉的内容是事物提供的行为可能，而不是事物的性质。可供性是存在于人体之外的，独立的物体的属性，但与每个人的能力又密切相关。知觉，简单来说就是可供性的抽取和过滤。生物体感知到外界对它的刺激，根据变化状况和潜在信息将可供性析出，并根据它的特征做出回应，和外界互相作用。这种“变化中的不变构造”，不是指生物体事先拥有的知识，而是从外界所包含的复杂信息中抽取过滤出来的东西。

总结吉布森的观点和前面提到的表象主义的不同点，再谈谈以下几个方面。

第一，知觉不是在实验室观察到的人们对静止物体做出的判断内容，而是人们对外界抛过来的各种刺激的接受与判断。因此，研究知觉，不能研究“人类的大脑是如何运作，如何接受外部刺激”的，也不能单纯去研究“怎么看待放在那里的那个东西”，而是要研究“外界有何种变化，如何对人产生作用和影响，以及对此，人又如何对外界做出反应和回应”。所以，外界的物质形态、物质的生态学上的意义，以及人类全身的活动和他们之间的关系都会成为研究的对象。

第二，所谓的“看”，与其说是眼睛受到刺激，还不如说是人和物体的视线接触。但无论是看，还是视线接触，都是人的整个身体面对这个物质，属于一种全身性的反应。

第三，认知和知觉都是由“存在的物体”而引起的，并不是大脑独立于外界创造出来的，也不是能够在大脑中进行操作判断的对象。而且，大脑的反应会影响到人们接下来的行为，也会为接下来需要的身体反应做出形式上的准备。

按照这个理论考虑，人类的知觉和认知会依赖于情境，就变得理所当然。人们总是在不同的情境中进行适当的行为，在不间断的行为中寻找最适合的功能可供性。

聊到这里，我们大概就能理解形象和认知的关系了。例如，当我们看到眼前的桌子，我们立刻会联想到，哦，这是放花瓶之类的东西，或者是灯泡坏了踩着它换灯泡的东西，又或者是把大幅地图平铺打开方便观看的物体。

但是，如果认知的对象是没有实体的某种虚拟形象时，这个理论能解释清楚吗？没有实体的虚拟形象能否是人们的大脑自己创造出来的呢？

我一直烦恼的就是这件事。也就是说，按照吉布森心理学的观点，应该如何看待无实体的虚拟形象呢？

现在，我们再返回到文章的开头，教师们朗读《木龙漆》那一段。

饰演权八的那位教师，已经尽最大可能发挥自己的朗读经验，在声音上也下足了功夫，又按照一般惊讶时应该表现出的特征，充满感情地朗读了台词。从表象主义的知识观来看，这是一种非常完美的表演，可以说是这位教师迄今为止关于国文的知识、关于朗读技巧的集大成的作品。按照表象主义主张的文脉理论进行信息处理，通过前后文判断出“这里应该这样读，应该用这种声音比较恰当”后，综合判断如何去朗读这篇文章。

然而，竹内先生一直在说不行不行，一个劲儿地问她：“龙在哪里呢？”并且让我站起来，把虚拟的龙设定到 3 米之外，用全身来演绎“龙的现身”，把我也带入其中，表演得活灵活现。

那么，让竹内先生做出反应的“龙”，到底在哪里呢？是在他的大脑内部，还是外部呢？

我们不能说这条龙在导演的大脑内部。因为旁边观看的我们，都能看到导演已经把虚拟的龙设定到 3 米之外了。但是，这条龙也不存在于现实中的外部。因为我们无论如何也无法触及龙的实体。

那么，令我茅塞顿开的是哪一点？因为通过竹内先生的动作、声音，以及坐在他身旁的我本人的体验，还有 3 米之外的空间，以及旁观的人们，所有的刺激互相作用形成的一个整体氛围，这个整体情境转化为“龙”的概念的“可供性”，换句话说就是整体情境创造出了一条“龙”的形象。

竹内先生的演绎以及现场情境中每个人的动作和反应、真实物和虚拟物一切都处于互相作用、互相反应的关系中。这一切，都从竹内先生把虚拟的龙设定在 3 米之外开始。相应地，不仅是导演的动作，旁边的我们都围绕“龙”的出现做出了反应。于是，龙的形象就被大家鲜明地刻画了出来。龙的形象的显现，又让导演的动作更夸张，也让周围人们的反应聚焦。这些相互作用在瞬间内完成了转移、焦点化、相互作用，促使大家合作完成了整场表演。

实体存在物的知觉和其形象化，其实是一回事。一般来说，知觉是外界的事物给予认知主体的一种诱发，引导认知主体抽取事物的可供性。之后，认知主体会对此做出全身反应，这些反应会让事物的可供性更准确、更纯粹、更清晰地抽取出。自然而然地，认知主体的身体也会做出更加确实的反应，又会促进外界事物的可供性的析出。

接下来我们再谈谈虚拟物体的形象问题。认知主体首先会有一个心理准备，接下来要面对某个虚拟形象了。认知主体会假想外界的某个时间、某个空间内存在着一个清晰的“物”的形象。这个“物”的形象反过来又能带给认知主体某种身体上的反应，并传达给周围的人和物。在这种相互作用下，映射和被映射的过程中，虚拟形象的可供性就会被析出，被大家感知。

我们通过实际的认知有了新发现、新东西，或者学到了新知识等，其实是同样的道理。简单来说，新知识的获取就是一种形象明确化的过程。周围的人或事物，过去的经验等，都会帮助我们确立新的形象，帮助我们去发现、学习新知识。这就是以前的表象主义无法解释说明的“形象的创造性作用”（以前的表象主义能够说明的，仅限于既有知识的替换、组合，新的联合等）。我们在面对事物的过程中，外界所潜藏的可供性，人所拥有的抽取事物可供性的潜在能力也会觉醒、聚焦，对外界的事物的认识也变得更加明确。我们的认知不仅仅是面对对象物，对其周边的情境也是敞开的。

如上所述，“表演”也是一种认知。而形象化就是对外界做出反应，这种反应能让外界的实体变得更加清晰化，变成新知识。

通过竹内先生简短的课程，我受到了冲击性的启发，突然明白学习原来也是这么回事。我把这些经过对他说明以后，他告诉我，吉布森的认知理论和他在后期学的斯坦尼斯拉夫斯基（俄罗斯戏剧家）的表演理论有很多共性的东西。在这种理论的基础上，竹内先生发明了如何向外界展示自己的动作的课程，并不断实践。之后，先生又聊了他后期和斯坦尼斯拉夫斯基思想的邂逅以及很多个人经验，在此略去不述。

此事之后，我又思考了一个新问题，那就是竹内先生的表演课的必要性。如果知觉、认知这些东西，原本就是吉布森所设想的那样，是人们本来就拥有的潜在能力，人们本来就能很容易地被外界刺激，认识、感知新事物。然而，对于大部分人来说，感知能力竟然变成难以掌握的技能。例如那位被竹内先生质疑的教师，会用心地朗读课文，却无法让周围的人感知到龙的形象。认知和学习对大多数人来说逐渐变成了很困难的事情，到底是为什么？

对此，我有一个片面性的回答。表象主义的思考方法和传统的学校教育的观点有相通的部分，已经渗透进教师们的知识观、理解观，并且通过教育渗透到了我们每个人身上。

如今我们被各种影像各种多媒体所包围，在创造形象之前，已经习惯了仅仅依靠视觉去感知模拟形象。我们早就把外界和形象的实体切割成了两部分。因此，对外界的“真正存在的东西”做出全身性反应，准确抽取出事物可供性的能力已经大大退化。我们满足于反复过滤大脑中的表象，创造出看上去和实体差不多的虚拟世界。也就是说，我们已经习惯于聚焦疑似的表象，并不得不对这些疑似的真实做出信息分析。

竹内先生所挑战的不就是向真正的认知回归吗？这正是我们最需要的，今后最应该努力去追求的能力！我对此深表赞同。

第二节　从基础开始学习

——学习长笛

最近，抱着“活到老，学到老”的心态，我开始学习长笛。

学习长笛这件事，在分类上属于音乐范畴，但是对于我来说，时不时会感到学习长笛和学习体育有很多相通的地方。因为吹长笛也是通过运动身体的一部分来学习的技能，所以和体育活动也不完全是没有关系的。而且我的长笛教师F先生，在学生时代受过体操界有名的选手野口三千三的指导，所以教师对我手的姿势、站姿、呼吸方法、身体用力及放松等的方法指导，完全属于野口体操的流派。

一、“基础和基本”的含义

学习长笛以后，我对“基础和基本”的看法有了很大改变。

一般来说，基础就像是建筑物的地基，越是复杂有难度的知识和技术，基础和基本技能就越重要，这一点无须多说大家也都明白。基础往往是需要乏味地反复训练才能掌握的东西。正是所谓的“必要又可恶”的东西，如果可能，大家都希望能一步跨越基础阶段。我的学习经历也同样如此，在长笛课上，仅仅是拿着长笛摆好姿势这件事，就有无数条注意事项，要掌握这些注意事项，就需要相当长时间的练习。

例如，拿着长笛的基本要求是用右手大拇指的指腹、左手食指的指根儿、下唇的凹陷处三点来托住长笛（所谓的三点支撑）。能达到这个要求非常有难度，必须保持这三点绝妙的平衡来防止长笛滑落。在这种状态下，还要轻松地吹奏笛子，让它发出悦耳的声音。我在镜子前面苦苦练习了很久以后，才最终达到了这个状态。

忘了是第几次课的时候，我很自然地以三点支撑的姿势轻松拿起了长笛。F 教师突然说："啊，今天你的左肩很放松啊。"被教师提醒后，我也发现，我的左肩确实很放松。仔细想想的确如此，做不到三点支撑时，为了发出美妙的音乐，嘴巴要努力对准长笛的吹口，不自觉地就会用左手食指的根部抓住长笛，在这种状态下再对准笛子的吹孔。因此，左手会很用力，相应地，左肩也会持续紧张，变成硬邦邦的状态。一旦掌握了三点支撑的窍门儿，能够对准吹孔，正是三点平衡支撑的自然结果，而不是左手用力靠上去的功劳。全身平衡才能保持长笛的平衡。所以，自然肩膀也会放松，拿好长笛也变成轻松自然的事情。

学习长笛的经验也教会我，所谓技能的基础的本质是什么。

技能的基础，实际上是和各种看上去和技术无关的动作之间的关联。不能把基础看作孤立的技能机械训练（例如，就算你再怎么拼命练习如何放松左肩，也是练不会的）。各种事情互相关联，互相作用，身体自然地打开，才会获得整体的和谐发展。也就是说，基础其实是整体和谐发展的源泉。只要过了这一关，以前无论如何也达不到的境界会突然展现在你眼前，以前憧憬过的高不可攀的目标也会变得离你越来越近。这才是基础的本质。

二、基础练习的意义

据 F 教师说，以前参加国际比赛时，出场前他会和各个国家的演奏者共同生活好几天。他观察过他们的练习，即使是最简单的音阶练习，他们也会当作正式音乐来演奏。然而对日本的演奏家来说，练习只不过是练习，就是单纯地、机械地、无意义地重复。

对于认真练习的演奏家来说，基础练习并不是练习，本身就是堂堂正正的音乐演奏。甚至可以说，离开音乐演奏的练习根本就不存在，所以就算是音阶练习，他们也会当作正式音乐演奏。

于是，我突然记起我刚开始学习韵律体操时候的事。当时感到最惊讶的，就是那些所谓的准备活动，那哪里是体操啊，完全是一种高难度的、漂亮的舞蹈。我们在做广播体操时，那仅仅是体操，没有人觉得那会是舞蹈。做广播体操时我们会随着音乐摇动身体，音乐对大家来说，只不过是一种节奏，就像是另一种形式的“号令”。广播体操的音乐对我们而言，只不过是一种背景音乐和节奏，我们伴随着音乐的节奏动动手脚就可以了，所以我们不会在听到音乐后，全身积极地运动起来。

大部分人认为基础练习不过是随着自己的意愿动动身体而已，这里应该这样做，那里应该那样跳，记住动作就可以了。然而，即使是简单的音阶练习，也当作正式音乐来演奏的外国演奏家可不是这样认为。他们不是在做广播体操，而是随着音乐做积极活跃的韵律舞蹈。所以，基础练习不是单纯地通过命令自己身体的各个部位去反复机械地练习，而是需要我们赋予基础练习某种文化价值，且倾力而为。不管是音乐，还是舞蹈，其本身就是一种文化实践。

如果把基础练习当作一种命令身体运动的准备活动，就会过分强调用力去运动。的确，体育是需要力气的，力气也会唤醒意志。但是通过力气来达成的运动锻炼，仅仅是体操。不会体操的人，就被认为是力气不够，于是就被要求继续好好锻炼长点力气。然而，力气这个东西并不需要特意练习，而是我们要释放多余的力气，把身体放心地交给世界，然后才会自然释放。所以，基础练习是一种练习怎么放松、怎么全身心投入的练习。

三、适应世界

F教师说过：“不要认为人们吹了长笛，音乐才会从乐器中传出。

应该是长笛和身体产生了共鸣，音乐才会婉转悠扬地传出。”

学过物理的人想必会明白这个道理。但是外行的观点会以为音乐是从长笛的吹孔穿过中空管传出来的。

从音响物理学角度看，声音的波段并不是从吹孔到达管子的最前端，而是到达最前端以后又返回，通过吹孔到达人的喉部、肺部，然后又返回到长笛最前端，不断循环往复。音乐的波段往来于身体和长笛之间，持续振动。所以，的确不是从长笛的最前端流出音乐，而是吹笛人和长笛浑然一体，引起空气的振动，变成音乐。而且这一切并不会妨碍吹笛人的呼吸。

所以从物理学来看，长笛和身体浑然一体，产生共鸣，共同发出音乐的观点也是正确的。

这件事是物理学的常识，但是在我们平常人的意识中不是常识。也就是说，在意识上我们总是把长笛看作练习对象，一心一意地想要把它吹好却总是吹不出令人满意的声音。相反的，如果把长笛看作我们身体的一部分，能和我们的身体产生共鸣的东西，想象我们拥有一个“长了”长笛的身体，这样就会发出像大钟那样悠扬的声音。

长笛的学习过程对学校的体育教育也有很大启示。一说到体育，我们就会想到要和一堆器械，或和另外一个队竞争。但是，如果不这么想，而是把器械或对手看作体育运动的一部分，去适应这个世界，事情是不是就会不一样了呢?

也许在此之前，我们首先要适应自己的身体，释放掉不必要的力气，学会面向世界笔直站立。然后，在和大自然的融合中，创造出美妙和谐的音符，这也是体育的真谛。

第三节　身体和教育

——从“讨厌体育”开始的体育论

一、“讨厌体育”的辩解

我小时候一直很讨厌体育。赛跑、单杠、垫上运动、游泳、各种球类等等，我没有一样擅长。从开始就抱有明明我学不会却又不得不学的恐惧感，几乎还没开始就想着怎么放弃。

因为从开始就很绝望，所以我也不会去想怎么样才能去做好，也不关心成绩。那时我天天在想，怎么做才能让我看上去很努力呢？怎么样做教师才会说，这个孩子实在无可救药，从而对我放任不管呢？

而且，体育课上总是有两种人：一种是“会”的人；一种是像我这样“不会”的人。不会的孩子再怎么努力也赶不上会的孩子，我们的教育就是让人感到如此绝望。因为“能力差别”是无论怎么努力也无法超越的东西。于是，像我这种什么也不会的孩子，丢着面子，笨拙地、慢腾腾地完成最低要求；假装很努力地，等着教师差不多的时候放过我。总之，那时的自己是个体育很差的孩子，一边嫌弃着自己，一边在痛苦中听着教师的呵斥，在做这个、做那个的号令中我像个机器人一样做着僵硬的动作，一心等待着课业的结束。

就是这样的我，现在居然被拜托写这样的文章。常年堆积下来的“劣等感”和一肚子的怨气说不定会时不时地显现出来，还请大家见谅。

二、讨厌体育，喜爱运动

然而，我那么讨厌体育课，成绩那么差，可是我敢说，我一直非常健康。我每次都是走楼梯到四楼的研究室，还总是一步两个台阶。周围的人有的动不动就感冒，或者胃出毛病了，又或者是伤着腰了，我总是开玩笑说："我也希望得场病好好休息一下。"

我并没有什么特殊的健康锻炼法，只不过偶尔慢跑，偶尔打打高尔夫球、网球，偶尔滑雪。当然，我的技术不会太好，如果被人邀请我总是欣然前往，玩的时候和孩子似的欢笑喜乐，怡然自得。我以自己的节奏注意着自己的身体，得到运动的快乐这就足够了。

明明学生时代那么讨厌体育，工作以后却这么喜爱运动，去健身房，去慢跑，活蹦乱跳地活动自己的身体，像我一样的人周围有很多。而且，这些人也并不讨厌被别人教，他们上着高尔夫球课，又或者去网球学校，有的也会跟着滑雪教练运动。

我们应该认真考虑一下，学校教育里的体育课和外面的各种健身培训班有何不同?

第一，上各种健身培训，是本人的意愿，有"我想做这个运动"的动机。而在学校里，是教师告诉你，必须做这个。第二，所谓的"评价"，培训班里只有你的个人运动数据，用来决定课程内容。而学校里，总是有"本人的能力""运动才能"等评价，这些是对个人能力有无、好坏的评价。如果得到不好的评价，从自我认知上就会觉得："啊，我是不行的。"从而造成对自己人格的否定，丧失自信，形成无力感。第三，在健身培训中，学员随时都有结束课程的权利。而在学校，他们只有逃课的手段。在培训班里，如果技能得不到提升，不是自己的责任，而是教练或者指导教师的责任。我们甚至可以向培训班抱怨，"怎么一点儿也没有长进啊，你们的教学方法太差了"等。在学校，是无论如何也不能做这些的。

我本人没有上过这种健身培训班。一般都是自己反复尝试，或者请朋友教我，或者和伙伴们一起热热闹闹地训练，保持了很多不太擅长的爱好。也就是说，我在没有受到学校约束的状态下掌握了一些运动技能。

下面的总结也许有些极端，但学校的体育课的确有这样几个缺点：（1）强制性参与。（2）会评价学习者的学习能力（即使想做，也可能被评价为原本就不会；只要想做，什么都能做好）之类的。（3）不能拒绝上课。（4）提高技能的责任在于学习者本人。以上四点是学校体育课变得没意思不受学生欢迎的根本原因。人们长大成人获得"自由"后，立刻变得生龙活虎，自己主动去活动身体，享受着各种体育运动的乐趣。

然而，上面四种制约，不仅仅体现在体育课中。不管是学习什么，有了这四条制约，都会让你丧失学习的积极性。例如，孩子们去的钢琴班，很多就满足了这四个条件，于是孩子们产生挫败感，不再喜欢上钢琴课。在学校教育范围内，还有很多科目也带有这四种制约倾向，所以很多人讨厌学校并拒绝上学。当然，我也承认拒绝上学的原因很复杂，不仅限于此。

三、被动的身体运动和主动的身体运动

很多体育教师认为，要有主动活动的意志，身体才会活动得更好。实际上，他们自己的确是这样的，因为他们想怎么动就能怎么动。于是他们把个体的主观意愿当作活动身体的必要条件。如果出现了做不好体育运动的人，他们就得出结论，肯定是你本人不想那么做。所以体育教师不断发出各种号令，试图让大家的身体运动起来，"先这样，好，再做那个"等，下达着一个又一个的指令。

可是实际上，人的身体的各部位想让它活动它就能活动的部分只有有限的几个。体育运动的大部分动作，几乎都是在无意识中进行的。手脚笨拙，行动不流畅，慢腾腾是体育不好的人的三个典型特征，他

们并不是没有好好运动的意愿,而是没有掌握让身体自发运动的窍门儿。

那么，怎么做身体才会自发地活动起来?

根据吉布森的生态心理学观点，身体在受到外界可供性的刺激后会自行活动。可供性是生物体通过与外界的相互刺激、连接、反应，以维持活动和生命的有意义的、带有诱发性质的物理特性。

例如，看到悬崖峭壁后，身体会产生绝对不能掉下去的警惕，所以身体会自然向后缩；看到舒服的椅子自然而然地想去坐一坐，这些都属于事物的可供性。也就是说，外界对我们的刺激产生作用时，会想到可能发生的各种事态（危险、安全、束缚、解放等），身体自然会做出应对准备的一种本能。

这些可能发生的事态并不需要通过语言来理解之后再做出判断和反应。而是在直面这些事态的瞬间，身体无意识地、自发地做出本能反应。

这里需要注意，对外界事态的认识，不是一种根据外界实际上的事实做出的客观性判断，而是一种综合性直觉，包括本人想去做某事的活动意图；想要回避某事，想要获得某物的行动目的；对某物的关心注意和注视；对会发生某事的估计预想等。

身体在对外界事态进行了综合性感知后，会无意识地做出相应的准备姿势。身体不能按要求活动，实际上是因为学习者的身体状态和体育教师在体育技巧中想让他掌握的身体准备有分歧。在跳箱子时缩了腿跳不过去的孩子，是因为他觉得腿会撞到箱子上去，他对自己的身体跳过箱子要面对的意义、形象以及可能会出现的结果等都没有做好相关准备。

那么，体育运动的指导教师如何做才能让孩子们了解体育运动中可能发生的事态呢？这不是很简单的事情。因为对事态的认知，和本人过去的历史、生活经验、价值观等息息相关，并且只能由当事人感知，伴随着本人的认知产生“这是危险的”“这是安全的”“我会做好的”等潜意识。所以，就算是外部有人告诉我们“是这样一回事”，当事人的身体也很难明白。

也就是说，对于体育教师而言，最重要的就是引导孩子纠正过去的习惯造成的不正确的身体姿势。要让身体变成向外界事态打开的状态。在这种被解放的状态下学习、训练，才能培养出身体应对各种可能性事态的自发性活动。

四、以打开身体知觉的教育为目标

一直以来，体育被看作一种让学习者有目的活动身体各部位的实践活动。只要学习者能够顺利活动身体的某个部位，就算是达到了目标。如果有的学习者无法按照要求活动身体，达不到体育课要求的目标，教师就会通过各种指令（或者呵斥），让学习者反复训练以达到学习效果。于是，很多毫无意义的机械性训练都被当作基本功，让学生不断练习。教师的想法是，掌握基本动作以后，再让学习者把基本动作加以组合，以便能掌握更复杂和更富有技巧性的技能。极端情况下，连肌肉该怎么收缩，该往哪里用力，手脚该怎么运动等都被当作是要掌握的必要知识,体育教师会详细分析、分步指导,并让学生加强训练。

这个观点基本上覆盖了学校教育的所有方面，所有的科目都强调要重视基础、基本功，重视基础练习的积累，重视课程的阶段性。强调教育的独立性和系统性，所以各个科目都被分开考虑。

然而，如果回到身体根据外界事态的刺激自主反应的观点上来，就会形成完全不同的教育观。也就是说，教育应该给孩子们提供“让孩子们的身体能自发活动的外界刺激”，引导孩子们自然地向世界（外界）打开身体。当然，所谓的基础练习也是必要的。但是这个基础练习不是单纯的身体各部位的分开练习，而是让身体的各部位在潜意识中得到统一和协调，以便能够应对各种各样的事态变化，做好姿势准备。所以，基础练习是为了让身体能够应对各种可能性，提高身体应对各种事态变化的能力。不是简单地运动身体的各部位，而是要让整个身心面向外界，假想各种可能性事态的存在，要接受并与之对抗，让身体自然地产生应激反应。如此一来，孩子们才会逐渐适应各种复杂的事态变化，这才是真正的教育。

人体的构造原本就被设计为切实准确地对外界的各种意义产生反应，所以，如果人能自主地发现新的意义，身体自然也能做好相应的准备。

更进一步讲，人们通过想象，会假想出一个清晰的虚拟世界，即便是假想的世界，身体也能完美地与之相向，产生最自然的应对。所以体育课教师经常说“先别管做这些练习有什么意义，你别抱怨，只要听指令做动作就行了，练会了自然会明白”的教育观是完全不对的。

我以前之所以那么讨厌体育，也许是在期待这种让身体向外界打开的教育观。要想让孩子们不再讨厌体育，仅仅改善体育课的指导方法是不够的，必须在根本思想上从“让身体活动”的教育转变为“打开身体知觉”的教育。

第四节　何谓教育改变孩子

——谈“身体知觉”的本质

一、为了胡同口的大叔

这是个很难理解的标题。也许有人认为我在故弄玄虚，想谈“教育是什么”就直说好了，不用这么拐弯抹角。可是，你试试回答“教育是什么”这个问题，你立刻会发现，撇开孩子的变化谈及教育几乎是不可能的。

再一次看标题，你就会发现这个独特视点的好处。把注意力放到“孩子们的变化”上，观察孩子们的样子，才能真正理顺教育是什么。即便是毫不关心教育的胡同口大叔，也会惊讶地说：“咦？这个孩子最近变化好大啊！”那么学校里的教师——和教育最有缘分的人，应该怎么做？想到这一点，我才起了这么奇怪的标题。

因为胡同口的大叔不怎么关心什么是教育，只是会在心里做出自己的主观判断，如“最近那个孩子自己做出了改变”或者“那个孩子因为某个偶发事件变了”，“这孩子也长大了，懂事了”等。

如果这时，学校的教师告诉他，“不是孩子自己变了，这是我们学校教育的结果”，胡同口的大叔还能认同“嗯，那是自然，教育真有用”，那么教育才算成功。要想让大叔能看到孩子的变化，我们的教育要怎么做？带着疑问，我采用了现在这个标题。这也是个标准比较高的题目，不一定好回答。请你化身为严格的“胡同口大叔”来读一读这篇文章。

二、所谓的“会了”这件事

昨天在公园玩单杠时还不会卷身上单杠的孩子，今天告诉路过的胡同口大叔：“在学校，老师教我们怎么做卷身上单杠，我现在已经会了，你快来看啊。”然后漂亮地做了一个卷身上单杠的动作，这样的话，胡同口的大叔就会认可：“哦，学校教会了孩子们很多东西。”因为在大叔看来，直到前天还不会做那个动作的孩子，自己反复练习也没什么进步，但从学校回来的孩子，能漂亮地完成卷身上单杠的动作，他肯定会认可“嗯，这肯定是教育的功劳”吧。

然而，如果发生了以下这样的事呢？大叔不经意地问：“孩子，你怎么学会这个动作的？”孩子回答：“老师告诉了我们秘密口诀。只要默念三遍口诀就能完成卷身上单杠的动作哦。”大叔会不会觉得奇怪呢？他肯定会在心里嘀咕，这算是哪门子的教育啊？

当然，对于“你怎么学会卷身上单杠的？”这个问题，那些已经学会的孩子未必会认真说明自己的学习经过。而且不管是什么事情，随着动作的熟练，很多人无意识中就掌握了，所以未必能用语言表达清楚。顺便说一句，我打字的速度很慢，但如果突然问我“右手中指正在打哪个字？”或者“B 这个字母要用哪根手指去打？”之类的，我肯定回答不上来。虽然我直接打“bank”这个单词用不了 0.5 秒。

但是，要具体到每个字母用哪根手指打，不去实践一下还真不知道。尽管如此，要想回答出“通过教育，我学会了什么技能？”这个问题，还真不是很容易。仅仅掌握了动作要领不一定能回答出来，必须真正理解了自己学会的技能才能回答出这个问题。

所谓的理解，并不是让大家回答出学会的原因是什么。“只要念几遍口诀就会玩单杠”这种话，和理解卷身上单杠这个动作之间，相距十万八千里，所以就连胡同口的大叔也很难认可。要想让孩子能说出

“通过教育学会了什么”，必须让孩子真正理解他学会了什么。我的话有些啰唆，再重复一遍，希望大家铭记，所谓的理解，并不等同于能够说清楚一件事。

三、“身体知觉”是什么

很明显，理解不等于能够用语言说明。那么，不能用语言表达的理解是什么呢？有人可能会列举出“通过形象的理解”，但是在本文，我想和大家谈谈“身体知觉”，就是通过身体感知到的事情。

首先，身体的各种动作，可以明确区分为自然的动作和不自然的动作。违反了“自然的”这个条件，你就算命令他去理解，也是徒然的。不自然的动作，不协调的动作，勉勉强强的动作，都是不正确的。所以，通过身体感知，是让动作变得自然的最低条件。某个动作 A 和动作 B，轮番做一遍，哪个更自然，哪个就是学习者真正理解了的动作。

通过身体感知，是指让身体切实感觉到“这种做法，比其他的任何方法都要自然”。轻松地完成卷身上单杠的动作，“轻松”这个词的实感，和好不容易才完成的动作是不一样的，那种轻松自然的实感，才是真正的“理解”，才是真正的领会。本人能够理解的、领会的同时，从他人的目光来看，也会认可这才是自然流畅的动作。

第一，这个动作很美。第二，这个动作有节奏。第三，身体的各部位和整体很和谐。就算是外行人，也一眼就觉得这个动作自然流畅，能满足这几个条件的话，胡同口的大叔，肯定会感叹：“哦，学校真没白上！”

所谓自然的动作，有的是通过自己不断尝试能发现的东西，但大多数是需要别人教的。

其次，通过身体明白的第二个特征是什么呢？简单来说就是一种“先见性”。先见性是指能够预料到接下来会发生什么，接下来的接下来又会发生什么，能相应地做好准备姿势，做好心理准备等。

先见性就是“能够看到下一步”。不仅了解已经发生了什么事，还会考虑到“马上会发生的事和可能会发生的事情”，然后才能做好心理准备和身体准备。

目前的这个姿势无法为做下一个动作做好准备，或者说没准备好接下来该做的事。又或者，还没有做好迎接即将从对面进攻过来的对手，无法面对偶然发生的事态等，这些都是体育活动中的常见错误，这些也都是需要身体感知，才能学会的事。

因此我要强调一个重要的认知态度，即学生应养成对事物有先见性的思考习惯。

我观看过学校运动社团的“锻炼反射神经”练习，但仅仅靠那种单纯地重复同样的动作，是无法达到锻炼反射神经的效果的。所谓的“反射神经”，无非就是身体潜意识中培养出来的先见性。也就是说，所有的练习应该把可能发生的事态明确化，重点练习对明确化后的事态的反应，“反射性动作”会变成自然的动作自发产生。

人类的身体和动作是很不可思议的。一旦完全练熟了应对某个事态的动作，在对即将出现的事态做好心理准备的同时，会立刻准备好做别的事情，而且这个能力会不断变强。如果下一个动作也练熟了，那么两者会浑然一体变成潜意识动作。

再回到刚才我提到的打字的例子，能在 1 秒内快速敲击键盘 10 次的人，我们在观察他们打字的录像后发现，被试者在看到“bank”单词的瞬间状态是，敲击字母“b”的同时，手的形状、手腕的高度、身体的重心已经做好了敲击最后一个字母“k”的准备。

也就是说，在敲击最前面的字母“b”时，身体已经做好了敲击“ank”的所有准备。因此，用高清摄像机记录打字员的手指运动时，我们会发现他们的十根手指几乎是在同时移动。这就像是大海海底的海草随着水流轻松漂动一样。消除声音后观看拍摄的记录，根本看不清是哪根手指在敲击哪个键，仅仅能看到键盘上的十根手指，覆盖了整个键盘轻松地移动。这个打字速度几乎都能赶得上说话的速度。

总之，熟练掌握这件事，就是做好应对所有可能发生的事态的准备。单个动作模式的反复练习，不会形成反射神经。就算不能用语言准确表达，真正具备了运动神经的人，是能够预知可能性，预计出未来可能发生的危险，并预防过失出现的。

身体产生先见性后，整个动作会变得非常流畅，给人一种流动的感觉。因为产生了流动性，所以整个动作变得更自然。不仅仅是一眼看上去很自然，而是即便有突然事态发生，身体的先见性也能够轻松应对，这才是真正具备了所谓的心理准备。

身体知觉的最后的一个特征是“注意力高度集中和阶段性”。和注意力有关的“留心”“注意力分配”等能力得到提高，能够注意到关键点，使人们总是处于“一旦需要就会发现下一件该注意的事情”的待机状态。

但这是到了熟练阶段后才会产生的变化。初级学习者会被原先的习惯改变注意力的分配，所以会夸张地做出一些动作，例如喊出声、做记号等等。但是，随着熟练程度的提高，注意力的分配会变得更加高效，大部分动作都能在无意识中进行，动作会变得自然流畅。只需要注意最关键的一两点，就能够完成整个动作。

四、摆脱“结果主义”

表面上看来，体育教学好像是个人体质差距很大的科目。这是因为我们总是以“结果主义”的观点去看，我们只是关注孩子们学会了什么。于是，天性活泼的孩子，俗话说的运动神经发达的孩子，做什么都能很轻松地完成，会得到较高评价。但是，如果从孩子们有多大变化这一点来讲，孩子们之间并没有多大差距。也就是说，刚开始就做得很好的孩子结果会更好，而刚开始完全不会的孩子，也能完成得不错。仅仅比较个人的进步，评价某个孩子变化有多大的话，事情就变得很简单。如果你想去了解孩子们谁理解得更深刻，事情就变得很复杂，用简单的标准去打分就更困难。

所以，日本体育科目的教学目标，干脆就设定为通过身体感知的教育，事情就变得很简单。因为教师只要关注孩子们通过体育教学学会了什么就行了。

这样，孩子们掌握动作的“自然度”就成了评价对象。看孩子们是否理解什么是不自然的动作，什么是不自然的姿势；自己是否努力去把动作做得更自然。对这种自然的动作的注意力和追求，是否体现在了日常生活不经意的或下意识的动作中……如果这些事情都成为评价对象，那么耷拉着肩膀走路，吊儿郎当冲着学长大喊“早”的人，就不能说他们都是体育课教师教的了。当今社会上的人们，是否已经对符合人性的自然动作没有感觉了呢？

另外，孩子们通过身体对可能发生的事态有多少先见性，也能成为评价的对象。那些踩着运动鞋的鞋帮走路的孩子，省略了准备运动直接跳到游泳池的孩子等都是没有先见性的动作，体育完全不及格！貌似活泼，无视可能性的运动，根本不能称之为体育教育。

我曾经在报纸上看到，某位体育教师说是要锻炼孩子的胆量，让孩子从高处跳下，结果造成孩子受伤。这种完全不预估可能会发生危险的教师，是完全不懂体育的人！另外一个例子，指导篮球技法的关键是“在目前的队形安排下，必须考虑对手会从哪个方向进攻过来，并且为此做好准备”，这些需要身体瞬间做出判断和反应，也许不需要语言上的理解，但如果有指导教师的语言提醒，会帮助孩子们掌握。这是尝试去做、思考反省、交谈沟通、继续尝试，最后达到训练目标的过程。

这样的体育课，就不再是单纯的体育活动，孩子们之间会交谈，“不是这样的”，“不是那样的”，他们会认真观察别人的动作，也会在模型上动动磁铁或人偶，摆一摆可能会出现的各种可能性。这时候如果他们有了新发现，比如“会有这种可能性哦”，或者“如果他们进攻这边我们就这么应对”等，教师应该要高度评价他们的言行。

关于提到的“注意力的高度集中和阶段性”，在这里没有必要说太多。适当地分配注意力也是人格的教育。只有注意到了他人的动作，才会照顾到他人的内心。体育活动，其实是通过自己的动作，对他人的动作做出反应，是一种心灵的教育。我衷心地期待锻炼注意力分配的体育教学在实践中能得到普及。

附　录

本书收录的文章（题目稍作改动）基本以各篇论文初次发表时的内容为准。

1.《“当教师”这件事——现今教师需要的、不可或缺的素质》发表于《儿童心理》1989年12月号（金子书房）

2.《关于课堂教学的研究》发表于《教育展望》1981年6月号（教育调查研究所）

3.《教师的技能是什么》发表于《事实和创造》1989年12月号（一茎书房）

4.《年轻研究者的研究能力形成问题》发表于《日本的科学家》1984年4月号（日本科学家会议）

5.《提高质疑能力的发问方式》发表于《教育研究》1982年8月号（不昧堂出版）

6.《从学习者的角度看学习积极性——信心是如何获得的》发表于《月刊教育杂志》1979年4月号（学研出版）

7.《不知道“?+3=5”》出处不明

8.《求知好奇心的反论——从“鞭子和糖果”到“发现自己的世界的喜悦”》发表于《月刊教育杂志》1978年5月号（学研出版）

9.《扼杀求知好奇心的课程——学生故意地、理智地装傻》发表于《儿童心理》1973年11月号（金子书房）

10.《“平常交谈式”教育》发表于《灯台》1974年7月号（第三文明社）

11.《促使学生学习的因素》发表于《教育展望》1979年6月号（教育调查研究所）

12.《课堂上的学习能力是什么》发表于《教育开发》1982年4月号（教育开发研究会）

13.《从内部观察儿童的发展》发表于《思索孩子们的现状和未来》1993年12月号（日本女子大学儿童研究所）

14.《关于学习方法的教材研究》发表于《综合教育技术》1980年10月号（小学馆）

15.《家庭教育的“陷阱”》发表于《教学研究》1976年7月号（明治图书）

16.《给孩子的可能性增加勇气——两种优等生理论》发表于《月刊教育杂志》1975年4月号（学研出版）

17.《如何挽救学力》发表于《教育展望》1983年6月号（教育调查研究所）

18.《学习的基础是什么》发表于《月刊教育杂志》1975年12月号（学研出版）

19.《学会学习》发表于《月刊总评》1986年1月号（日本劳动组合总评议会）

20.《探索自学的教育意义》发表于《教职研修》1975年9月号（教育开发研究所）

21.《自学的心理及误区》发表于《教职研修》1975年10月号（教育开发研究所）

22.《自学能掌握基础吗》发表于《教职研修》1975年11月号（教育开发研究所）

23.《“玩耍=学习”的本质形态》发表于《教职研修》1975年12月号（教育开发研究所）

24.《学习这个词的“可怕性”》发表于《综合教育技术》1975年6月号（小学馆）

25.《“忘记质疑”的学习和教育》发表于《综合教育技术》1975年7月号（小学馆）

26.《形象和认知——吉布森心理学的形象理论》发表于《现代精神》1990年6月号（至文堂）

27.《从基础开始学习》发表于《学校体育》1998年4月号（日本体育社）

28.《身体和教育——从“讨厌体育”开始的体育论》发表于《体育科目教育》1989年12月号（大修馆书店）

29.《何谓教育改变孩子》发表于《体育科目教育》1984年4月号（大修馆书店）

后 记

如今，日本教育的混乱状况让很多人感到困惑。因为平均学习水平的下降，日本战后的“宽松教育”被批判，于是专家们开始把算术练习和汉字书写看成提高学习能力的处方，连脑科学家都很支持地拿出各种证据。另一方面，每周五天的学制开始彻底实施，有的人主张通过导入“综合学习时间”给孩子们自由探索的时间和场所。这种观点和以前相比虽然教师的声音少了很多，但课堂依然很活跃。另外，由于日本少子化现象越来越严重，很多大学采用了无须考试的“定员录取”制度。但是各种补习班出现了前所未有的繁荣，围绕少数名牌大学的考试竞争非常激烈。很多教师失去了自信，看不到努力的方向，被孩子的父母以及社会的要求和期待耍得团团转。

正因为是这样的时代，一线的教师，或者是打算从事教育事业的年轻人们，更应该返回到教育的原点，重新审视教育实践的第一阵地——课堂教学，从这里找到教育改革的方向和发展方针。本书希望所有的教育改革，能从每天都在实践的课堂活动出发，我希望通过本书能把这个观点传达给和教育有关，或者即将从事和教育有关行业的所有人。

本书通过回顾“所谓的现代”，讲述了这个时代人们最诉求的东西。然而本书的核心内容已经超越了时代，每个时代我们都应不断追思教育的原点。其实本书中多数文章是笔者于20世纪70年代末结束在美国的留学生活回到日本后，发表在各种教育类杂志上的论文，并且大部分是和教育改革有关的内容。虽然我也做了部分修改，但不过是为了读者能顺利阅读，进行了部分词句上的修改，或者顺应时代潮流的专业术语的修改，原文的主要内容并没有大的改动。本书收录的顺序和原文的发表年代并没有关系，而是根据每章的主题重新排列的。

本书收录的文章发表最早的是在1973年。回顾全书，发表于1975年到1989年的文章比较多。因为二十世纪七八十年代，正是认知心理学刚刚在日本流行，还不太被大众了解的时期。我运用在美国留学时学习到的“认知革命”最新的关于认知心理学的知识理论，加上我自己的解释，想办法将其中重要的内容传达给日本的教育界、心理学界。那时的我热情高涨，撰写了很多文章。所以，从这些文章的字里行间能看出我当初的意图，就是想把关于认知心理学的基本观点、思考方式以及当时的最新发现，用尽量简洁平易的语言写出来。

本来，我当时所依据的认知心理学就是现在说的“信息处理学派”的认知心理学。这是一种把人类的思考过程尝试用电脑模型化的思考方法。认知心理学在20世纪90年代有了很大的变化。现在对于认知心理学的文化评价以及其对社会的影响不断变化，我本人在20世纪70年代后期也感觉到有必要向文化影响方向转换。回过头来再读当时的文章，依然没觉得有落伍之感（也不可否认，从现代的认知心理学观点来认真细读，部分观点确实有些勉强）。

本书的很多内容的确是超越了时代，应该说放在现在来看很多问题依然比较重要。那时电脑和打印机还未普及，我是用铅笔一字一句写到稿纸上的。还有以前的演讲记录，好像当时我一口气讲了3个小时。当时的演讲，我没有用电脑幻灯片播放画面的投影设备，而是坐在讲台上，干巴巴地从头讲到尾，甚至中间没有休息。记忆虽然有些模糊，但当时我好像连演讲稿也没准备，只是拿了张类似笔记的纸片（更不好意思的是，我都忘了主办方给我的题目，到了现场看到条幅，才想起了题目）。但是看了演讲记录，我发现当时自己说东道西，要讲的话如长江之流水，滔滔不绝地冒出来。我不由得感叹，当时的自己可真是年轻啊！

从美国回来之后直到1981年，我在东京理科大学理工学部当副教授，专业领域一直和教育没有任何关系。我把教育当作自己的专业，是在东京大学教育学部任职之后的事。但是，我读着自己在那些年写的东西，发觉自己一直在追求“学习和教育”这两件事。而且，这里说的学习，是最符合人类特性的活动，几乎和“好好活着”是同一个意义。

本书（日文版）的成书与出版承蒙小学馆出版社的制作人宫腰壮吉先生、日本学习研究会事务局长半泽隆夫先生的很多关照。两位先生通读了我手头纷繁复杂的文稿，以编辑的眼光和经验、灵感和热情，为读者精心挑选，并设计章节的安排。对此，我感到荣幸之至，不胜感激。

2003年初夏